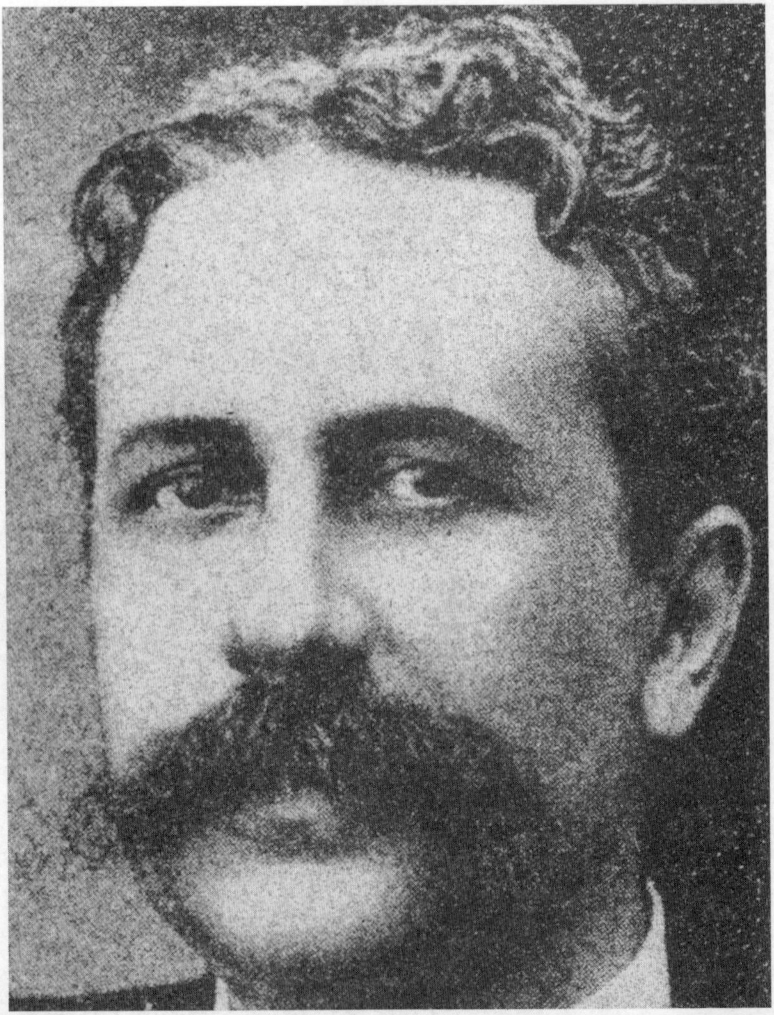

JOAQUIM NABUCO

Equipe de realização - Produção: Ricardo W. Neves e Adriana Garcia; Capa: Adriana Garcia

JOAQUIM NABUCO

Introdução e seleção de textos
Paula Beiguelman

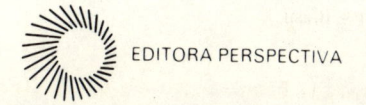

Editora Perspectiva

Direitos reservados à
EDITORA PERSPECTIVA S.A.
Av. Brig. Luís Antônio, 3025
01401-000 – São Paulo – SP – Brasil
Telefone: (011) 885-8388
Fax: (011) 885-6878
1999

SUMÁRIO

INTRODUÇÃO
Joaquim Nabuco: Teoria e Práxis (por Paula Beiguelman).................. 7

I. ELABORAÇÃO DE UMA TEORIA DA SOCIEDADE BRASILEIRA

1. Explicitação da Perspectiva Adotada... 51
   Abolicionismo e escravismo... 51
   O abolicionismo face aos partidos oficiais... 54
   A noção de um mandato da raça negra... 58
   Síntese histórica da implantação do escravismo: efeitos psico-sócio-culturais... 60
   Retrospecto do combate político ao escravismo: a extinção do tráfico... 62
   Retrospecto do combate ao escravismo: a promulgação da lei do ventre livre.. 65
   A ordem escravocrata na primeira fase da etapa abolicionista................ 69

2. Construção Analítica da Realidade Social... 79
   Aspectos geográficos e sócio-econômicos do monopólio territorial....... 79
   Estratos sociais, agentes econômicos e mecanismos de manutenção do nível de emprego.. 86
   Organização política... 91
   Fatores de persistência e proposição dialética da potencialidade transformadora... 95

3. Proposta de Diretrizes para a Ação.. 98

3.1. Confronto entre abolicionismo e escravismo durante o ascenso
político abolicionista... 98
Caracterização da conjuntura política.. 98-108
Prioridade do compromisso abolicionista sobre o político-partidário..... 108
Resposta à acusação de denegrir a imagem do país no exterior............. 110
Atividade político-pedagógica.. 112-127
Balanço e prognóstico.. 127
3.2. A Coroa e os partidos no encaminhamento da questão escravista... 129
Registro de práticas de fraude eleitoral... 129
Partidos: opinião ou patronagem... 132-137
Aliança do sistema político com a resistência escravista............... 138-149

II. ESTUDOS E DEPOIMENTOS HISTÓRICOS

4. Império.. 150
O Gabinete Zacarias.. 150-156
1868 – Discurso do Sorites.. 156
Nabuco de Araújo em meados dos anos 70... 163
A reforma eleitoral de 1875... 167
O poder imperial... 169

5. República... 173
Floriano e a revolta de 1893... 173

ÍNDICE ANALÍTICO E ONOMÁSTICO....................................... 183

INTRODUÇÃO

Paula Beiguelman
Professora associada da Faculdade de
Filosofia, Letras e Ciências Humanas
da Universidade de São Paulo.

Textos para esta edição extraídos de:

ARAÚJO, Joaquim Aurélio Barreto Nabuco de. *O abolicionismo*; *Conferências e discursos abolicionistas*; *Campanhas de imprensa*. São Paulo, Instituto Progresso Editorial (Ipê), 1949 (Obras Completas de Joaquim Nabuco, v. 7 e 12). — . *Um estadista do Império*. Rio de Janeiro, Ed. Garnier, [1899]. v. 3. — . *A intervenção estrangeira durante a revolta de 1893*. São Paulo. Ed. Nacional; Rio de Janeiro, Ed. Civilização Brasileira, 1939.

JOAQUIM NABUCO: TEORIA E PRÁXIS

Joaquim Aurélio Barreto Nabuco de Araújo nasceu no Recife a 19 de agosto de 1849, filho de José Tomás Nabuco de Araújo e de D. Ana Barreto Nabuco de Araújo. Entregue aos cuidados de seus padrinhos, Joaquim Aurélio de Carvalho e D. Ana Rosa Falcão Carvalho, proprietários do Engenho de Massangana, viveu os primeiros anos de sua vida ao lado da madrinha, que enviuvara. O falecimento de D. Ana Rosa, quando Joaquim Nabuco contava oito anos de idade, determina sua mudança para o Rio, onde praticamente começa sua vida escolar. Concluídos os estudos elementares, matricula-se, em 1866, na Faculdade de Direito de São Paulo, continuando o curso na Faculdade de Direito do Recife, onde se forma em 1870.

Vida pública e obra

Em janeiro de 1878 ascende o Partido Liberal depois de um longo período de ostracismo e a candidatura de Joaquim Nabuco fica assentada entre o senador Nabuco, seu pai, e o Barão de Vila Bela, principal chefe político de Pernambuco. Em março falece o senador Nabuco, mas Vila Bela sustenta o compromisso assumido, apesar das pressões de outros pretendentes à indicação.

Foi pleiteando a eleição, num comício acadêmico no Teatro Santa Isabel, no Recife, que Nabuco colocou, ante uma opinião ainda despreparada, que o vaiou, uma formulação fundamental: "A grande questão para a democracia brasileira não é a monarquia, é a escravidão".

Na prestação de contas de sua vida pública ao eleitorado (Terceira Conferência, proferida no Teatro Santa Isabel, a 16 de novembro de 1884 [1]), relata Joaquim Nabuco:

> "Não me cabe neste momento justificar a minha eleição de 1878, que foi toda devida à influência pessoal e ao prestígio do chefe do Partido Liberal naquela época, o Barão de Vila Bela. Ele havia tomado um compromisso com meu pai, a quem os seus serviços ao Partido Liberal davam a esperança de encontrar no Parlamento um filho em que ele via um prolongamento intelectual e moral de si mesmo. Em 1878 eu tinha quase trinta anos, e não carecia pois de dizer como o herói romano ao disputar uma dignidade acima dos seus anos: 'O povo me escolha e terei idade!' Não sou dos que acreditam no direito divino da velhice. Mas dizia-se que eu tomava na lista o lugar de quantos veteranos ilustres havia então nesta província. Eu só podia ocupar um lugar, mas esse era o de todos! Ninguém fazia esta simples reflexão: que na deputação havia sete homens tão novos como eu. Mas apesar da oposição levantada especialmente contra mim, consegui sempre entrar para a Câmara, ainda que no último lugar da lista pernambucana".

Uma vez eleito, Nabuco se coloca em firme oposição ao Gabinete Sinimbu, do seu próprio partido [2], sem contudo "criar animosidade entre as duas frações liberais e pelo contrário fortalecendo o laço partidário, porquanto me colocava sempre para ferir o ministério no terreno dos princípios do partido". Em síntese:

> "Diante do Ministério Sinimbu a minha atitude não fora propriamente de abolicionista antes de tudo, mas sim de liberal oposicionista".

Não obstante, a coerência programática redunda na perda do apoio oficial do seu partido em Pernambuco, que já era precária e que se estribava essencialmente na influência do Barão de Vila Bela.

> "Na Câmara eu renunciara o apoio dos meus amigos de Pernambuco. O Barão de Vila Bela pediu-me uma vez, quando o Ministério Sinimbu reorganizou-se com a entrada dos srs. Sodré e Moreira de Barros, que se eu achasse compatível com a minha dignidade, cessasse

---
[1] In: *Conferências e discursos abolicionistas*. São Paulo, Ipê, 1949 (Obras Completas de Joaquim Nabuco, v. 7).
[2] V. *Discursos parlamentares*: 1879-1889. São Paulo, Ipê, 1949 (Obras Completas de Joaquim Nabuco, v. 11); ou *Anais da Câmara dos Deputados* do mesmo período.

a oposição que fazia ao gabinete para não criar dificuldades na província ao grupo que ele dirigia e que era então o perseguido. Respondi ao meu ilustre amigo que não se tratava da minha dignidade, mas que minhas convicções me obrigavam a aumentar até a força do meu ataque ao ministério, como ia fazê-lo naquela mesma sessão; que ele, portanto, não me considerasse em seus cálculos políticos e dissesse aos ministros que nenhum poder tinha sobre mim e não devia portanto sofrer por minha causa".

Com a subida do Gabinete Saraiva, em 1880, a situação se altera favoravelmente para Nabuco, do ponto de vista pessoal. Não tanto, porém, do ponto de vista político.

"Os debates da Câmara tinham muito pouco interesse para mim. (...) O presidente criava os maiores embaraços ao uso da palavra para fins abolicionistas. Depois de um ou dois conflitos dessa natureza, pensei em renunciar um mandato que se não me permitia exercer com liberdade".

Dissolvida a Câmara, Nabuco se prepara para a campanha eleitoral, em 1881, já sem o apoio dos antigos amigos de Pernambuco.

"Tendo renunciado ao apoio do grupo Vila Bela e sendo visto com frieza pelo outro grupo que nesse tempo era ardentemente ministerial e se preparava para destruir o contrário, apenas dissolvida a Câmara, eu, que nenhum interesse tinha em assistir a tais proscrições no seio do partido nem em pertencer a uma das duas facções inimigas, desisti desde logo de pedir, nas futuras eleições, o apoio de qualquer delas."

De qualquer forma, estando-lhe evidentemente vedado o interior, só podia tentar apresentar-se pelo Recife, que já indicara José Mariano. Ou seja, configurava-se uma hipótese fora de cogitação para Nabuco: competir com um companheiro de causa, que muito justamente conquistara o carinho popular.

"Foi em tais condições que me apresentei pela Corte que, por ser o município neutro, não pertence a província alguma, e por ser a capital do Império e o centro da nossa vida nacional, daria à batalha abolicionista a maior repercussão. Mas eu não podia ser eleito pela Corte; depois dir-vos-ei por que não podia tão pouco ser eleito agora [1884]. A idéia abolicionista representava naquela época uma simples agressão; não tinha chegado a ser aceita pela consciência nacional. O Partido Liberal não a levava em conta, e portanto apresentando-me em nome dessa idéia eu apresentava-me fora do partido, com os recursos apenas dos votos abolicionistas. Mas mesmo entre estes a educação não estava feita."

Uma vez "cumprido o dever de dar batalha", Nabuco, após a derrota, aceita o lugar de correspondente do *Jornal do Comércio* em Londres, ausentando-se do país por um período que se prolonga até meados de 1884 — "que se tem chamado e se deve chamar o meu exílio".

Durante esse período, a par de intensa propaganda em âmbito internacional, redige *O abolicionismo*, a que se refere como "o serviço maior que eu pessoalmente podia prestar à nossa propaganda".

Chegado ao Rio a 18 de maio de 1884, não tarda a encetar a agitação.

"Logo depois o Ministério Dantas havia subido e eu estava a postos para sustentar esse ministério que é nossa conquista e nossa criação e que representa a idéia abolicionista no poder. Sustentei-o na imprensa, em numerosos artigos assinados Garrison, que estou certo foram de algum proveito para o gabinete; sustentei-o na tribuna popular em mais de um discurso e em mais de um lugar, no Teatro Politeama do Rio, como no Teatro S. José de S. Paulo, como no Teatro Santa Isabel do Recife e agora sustento-o ainda defendendo a minha eleição que será antes de tudo a vitória do gabinete 7 de junho, isto é, da nova situação que ele criou e que está sendo chamada por todos pelo seu verdadeiro nome — de situação abolicionista."

A candidatura pela Corte lhe parecia ainda inviável. Apresentando-se como candidato por Pernambuco sem lá residir, justifica-se:

"Mas viver em Pernambuco é apenas um dos meios de demonstrar-lhe amor e dedicação. Há outros, senhores, e um deles, eu tenho esperança, vos parecerá digno de algum reconhecimento: é o de pernambucano que recebendo uma vez o vosso mandato escolheu dentre todas as iniciativas e dentre todas as causas nacionais aquela que poderia conquistar para a sua província maior gratidão do futuro, identificou-se com essa idéia e essa causa na boa e na má fortuna, como deputado e como particular, no país como no estrangeiro (...)".

Depois de acirrada disputa com o candidato conservador Machado Portela, Nabuco é eleito deputado.

Derrubado o Gabinete Dantas (1885), assume o Ministério Saraiva, que atua como transição para a subida dos conservadores. No processo do reconhecimento dos diplomas pela Câmara, Nabuco se vê excluído, só continuando a integrar a representação nacional graças à solidariedade de dois companheiros pernambucanos que desistem em seu favor.

Mas ao ascenderem realmente os conservadores, processam-se novas eleições em 1886, sendo desta vez Nabuco derrotado por Machado Portela. Contudo, em 1887 surge nova oportunidade eleitoral: o conselheiro Machado Portela entra para o Ministério Cotegipe, tornando-se necessário preencher a vaga que assim se abria, referente ao distrito do Recife por ele representado. Concorrendo com o novo ministro que procura reeleger-se para confirmar sua indicação, Nabuco obtém uma vitória especialmente expressiva, dado o posto ocupado pelo seu adversário — cuja derrota se acompanha da saída do ministério.

Uma nova etapa se abre com a cisão conservadora e a substituição de Cotegipe por João Alfredo.

E, às vésperas da Promulgação da Abolição, Nabuco concentra seus esforços no sentido de impedir que o Partido Liberal se prevalecesse de uma eventual vulnerabilidade da Coroa ou do ministério emancipador ante a resistência escravista, para oportunisticamente candidatar-se ao poder.

Em carta datada de 5 de maio de 1888 escreve, do Rio, a um deputado pela província de Minas Gerais [3]:

"Convencido de que a Princesa Imperial prestou grande serviço à causa da ordem e da liberdade demitindo o Ministério Cotegipe, entendo que devemos sustentar e não impugnar aquele ato de tão grandes vantagens para o país. Convencido também de que neste momento toda e qualquer oposição ao ministério é um serviço prestado ao escravismo, ainda não de todo desiludido a respeito do nosso partido, entendo ser nosso dever dar ao ministério toda a força precisa para realizar a nossa idéia".

No mesmo sentido discursa na Câmara dos Deputados, na sessão de 7 de maio de 1888:

"(...) levanto-me para oferecer ao honrado presidente do Conselho, para a realização do seu grande programa, o apoio desinteressado, se não de toda, de uma parte daquela fração do partido que foi sempre, antes de tudo, abolicionista".

Promulgada a lei, colocará, como preocupação precípua, garantir sua execução, bem como evitar o esvaziamento do triunfo político do abolicionismo pelo golpeamento da Coroa, como represália do escravismo. No seu entender, a Princesa Imperial

---

[3] In: *Cartas a amigos*. Coligidas e anotadas por Carolina Nabuco. São Paulo, Ipê, 1949 (Obras Completas de Joaquim Nabuco, v. 13).

"no dia 13 de maio abdicou a monarquia ditatorial, abdicou a monarquia tradicional e investiu-a precisamente da ditadura popular, que há de durar enquanto ela for leal ao povo".

A situação não tarda a complicar-se com a disposição manifestada pelo gabinete conservador, de conciliar com o escravismo.

Em carta datada de 17 de julho de 1888 escreve Joaquim Nabuco a um deputado pernambucano:

> "Eu mesmo sustentei o João Alfredo com toda a força para ele ter o prestígio preciso (todos procedendo como eu, está claro) para impor a lei em dias ou horas. Ultimamente, porém, o João Alfredo tem ido pedir informações ao Figueira, que o envolveu em um projeto de bancarrota nacional destinado a encampar a dívida perdida da escravidão, e eu fui forçado a atacar o ministério, com força e a fundo. Ninguém entretanto se entende em política, o Partido Liberal é uma multidão e não um exército, e assim não há sequer a vantagem de derrubar o ministério, porquanto o sucessor poderia até ser o próprio Paulino".

Na mesma ocasião, prenunciando seu isolamento face à nova conjuntura política que já se delineia, explicita-se melhor em carta a José Mariano:

> "Eu estou hoje onde estava ontem. Combato o João Alfredo no terreno dos bancos hipotecários como o sustentei no da abolição, pelos mesmos motivos. Estou longe, porém, de o querer derrubar de qualquer forma, juntando-me com os reacionários escravistas. Se ele quiser cair, cai com os olhos abertos. A minha posição é especial, exatamente porque o João Alfredo está sendo atacado pela lei de 13 de maio, causa principal do ódio contra ele, e porque estou mais identificado com o abolicionismo do que com qualquer partido, que me parecem todos igualmente plutocratas.
>
> (...) Ocupo, assim, na Câmara uma posição solitária, que corresponde ao meu ideal, não direi político, mas popular. Você tem a alma do povo, *eu tenho a consciência* [grifo da Org.]. (...) Deixe os partidários desgostarem-se de mim: estou fazendo a única política verdadeiramente democrática que possa existir no país. Os partidos esmagam o povo. Ambos eles são exploradores e, mal começa, o republicano já está adorando o bezerro de ouro. Eu oponho-me aos bancos porque quero a pequena propriedade, a dignidade do lavrador, do morador, do liberto — a formação do povo que está ainda abaixo do nível dos partidos".

E, ao argumentar justificando o distanciamento que pretende assumir, sublinha definitivamente o âmbito essencial de sua contribuição como pensador:

"Um homem, em geral, não leva a efeito mais de uma idéia. Eu dediquei-me todo à abolição; feita ela, creio que estou autorizado a querer pelo menos refazer o meu cérebro que foi todo vazado naquele molde durante dez anos".

Ao deixar aflorar outras facetas da sua potencialidade intelectual, Nabuco legou-nos *Um estadista do Império*, fruto de um trabalho iniciado em 1893 e ainda em fase de conclusão em 1897, data do prefácio que acompanha o primeiro volume (a edição original constava de três volumes). Pouco antes publicara *A intervenção estrangeira durante a revolta* [de 1893], lúcida crônica desse episódio do período florianista.

Um estadista do Império é, como se sabe, obra fundamental na historiografia sobre o Império, principalmente no que concerne ao estudo do Segundo Reinado, até os anos 70. Transcendendo os limites da biografia de seu pai (Nabuco de Araújo), o ensaísta procura deslindar, no emaranhado dos eventos, o fio condutor para a construção de uma seqüência histórica, traçada a partir de fatos estabelecidos com rigor, sensibilidade e empatia.

Para contrabalançar esse verdadeiro corpo a corpo com um enorme acervo documental meticulosamente tratado, o *scholar* quase que em seguida se transforma no memorialista leve e cintilante de *Minha formação*.

Por essa mesma época, Nabuco é encarregado de, em missão especial, representar o Brasil no processo de arbitramento da pendência de limites entre o Brasil e a Grã-Bretanha, no referente à Guiana Inglesa. Dessa atividade, desenvolvida durante vários anos na Europa com o talento habitual, resulta um trabalho de notável valor jurídico, *O direito do Brasil*, e a coleta de uma enorme documentação pertinente. Mas o laudo arbitral, exarado em 1904, não foi favorável ao Brasil.

Assim vinculado à atividade diplomática, é transferido por Rio Branco para Washington, para onde se dirige em 1905. Em 1906, quando se realiza no Rio de Janeiro a III Conferência Pan-americana, já está engajado no pan-americanismo, entendido como instrumento para firmar a posição de países como o Brasil, através de um desvinculamento da hegemonia européia.

Joaquim Nabuco faleceu a 17 de janeiro de 1910 em Washington, onde se encontrava a serviço diplomático do Brasil.

● ● ●

Um estadista do Império é uma obra que, pela riqueza de informações para o esclarecimento de questões relevantes, se presta a uma "leitura aberta", em vários níveis e de ângulos diversos, dependendo da "pergunta" específica proposta pelos diversos leitores. Daí o caráter simplesmente "ilustrativo" de uma seleção de textos de um livro desse tipo.

Desde já fique claro que a obra se situa num universo distinto dos escritos da fase abolicionista, muito embora, em certo sentido, a integração esteja presente como potencialidade num dos níveis de leitura a que nos referimos. Por exemplo: a exposição nos fornece os elementos necessários para apreender a "lógica" do esquema político-partidário na organização política imperial, por sua vez estreitamente referida à persistência e superação do sistema escravista. Mas esta é uma possibilidade aberta pela riqueza das informações elaboradas com exemplar *scholarship* e não uma tarefa metodológica proposta explícita (ou sequer implicitamente) pelo próprio Nabuco.

Em suma, o foco de interesse intelectual se alterava: o intenso labor de pesquisa se desvinculava da problemática anterior. *Um estadista do Império* é *novo* e *diferente* com respeito a *O abolicionismo*; as obras não guardam o vínculo e a relação que existem, por exemplo, entre o *Manifesto* e *O capital*... Joaquim Nabuco "refazia seu cérebro".

● ● ●

O pensamento abolicionista

No curso dos anos 84-85, quando já publicara *O abolicionismo*, proferia os discursos e as conferências abolicionistas, e iniciava as publicações pela imprensa, que prosseguiriam até 1888, a personalidade intelectual e política de Joaquim Nabuco como clássico da ciência social brasileira já está constituída.

Em *O abolicionismo,* de 1883, Nabuco dirigia-se aos poetas, "a quem Castro Alves mostrou bem que num país de escravos a missão dos poetas é combater a escravidão". No opúsculo *O eclipse do abolicionismo*, datado de 1886, referia-se à concentração das "faculdades criadoras do pensamento em uma obra exclusiva" (o abolicionismo) por obediência "ao simples *imperativo categórico* da minha nacionalidade, ao fato unicamente de ser brasileiro".

Dessa conjugação de teoria e práxis resultou a produção intelectual do período abolicionista, da qual selecionamos, para esta coletânea, textos que procuramos ordenar de forma a comunicar ao leitor a unidade que liga o conjunto diversificado de suas peças. Esses textos revelam a coerência interna de um raciocínio que, dando expressão à perspectiva política imputável ao escravo, submete a sociedade a uma crítica global, desvendando-lhe os fundamentos e captando-lhe o devir. Não se elabora apenas uma proposta de ação no sentido de superar a ordem vigente, mas se busca nortear a própria ação, definindo a dinâmica da constelação de forças no desenrolar das situações concretas.

Essa contribuição excepcional à reflexão social no Brasil pode ser referida, grosso modo, à conjuntura revolucionária parcial da década de 1878-88, quando o equilíbrio do escravismo é afetado pelo comportamento do setor de vanguarda da economia cafeeira, produzindo-se a emergência de um movimento abolicionista. Em tal contexto configura-se uma situação cataclísmica em que parece possível aspirar não apenas à mera eliminação do *status* jurídico do escravo, mas à supressão do próprio sistema baseado na economia tropical, em que a escravidão se insere — *e que lhe pode sobreviver* [4].

• • •

A condenação doutrinária da escravidão, tal como foi formulada por Condorcet (*Refléxions sur l'esclavage des nègres,* 1781), partia primordialmente da tese da incompatibilidade com o direito natural, que considerava nascerem todos os homens livres e iguais. Suplementarmente argumentava-se com a possibilidade de coadunar a obediência aos postulados do direito natural com a preservação da prosperidade das colônias. Confrontando as economias escravista e livre, do ponto de vista da renda líquida e bruta, procurava-se demonstrar que a economia escravista produzia menor renda bruta e apenas maior renda líquida, da qual se beneficiavam exclusivamente os colonos, através do não-pagamento de salários aos trabalhadores (escravos). Em suma, a escravidão não redundava em aumento de riqueza *tout court,* globalmente considerada: apenas e simplesmente privilegiava os colonos. Em

---

[1] Deste ponto em diante a presente Introdução se baseia fundamentalmente em nosso "Teoria e ação no pensamento abolicionista", *passim.* In: BEIGUELMAN, Paula. *Formação política do Brasil.* 2. ed. rev. São Paulo, Pioneira, 1976.

contraposição à aliança entre a grande propriedade tropical e o trabalho escravo, o abolicionismo ilustrado propunha a transferência do esquema da cultura não-tropical às colônias: da mesma forma que o lagar não pertence ao proprietário da vinha, nem o moinho ao proprietário do trigo, assim o canavial se separaria do engenho, cultivando-se o açúcar por meio da pequena cultura livre, como na Ásia, desde tempos imemoriais.

Numa fase posterior, já na segunda metade do século XIX, o abolicionismo europeu, que tem em A. Cochin um representante insigne, passará a pôr em foco a precariedade das próprias bases da riqueza na economia escravista.

Respondendo aos que associavam a decadência das Antilhas inglesas e francesas à emancipação (uma vez que Cuba escravista continuava florescente), os abolicionistas argumentavam que o término primeiro do fornecimento de braço escravo e, depois, da própria escravidão, apenas pusera em evidência, nas Antilhas, uma conjuntura negativa preexistente.

Ressaltando a incapacidade da economia escravista de conduzir ao progresso técnico, à valorização do solo e ao povoamento, elaboravam um esquema teórico que permitia desvendar — com respeito a Cuba — a fragilidade real que se encobria com a prosperidade transitória da agricultura monocultora. Dependente de causas excepcionais e efêmeras, e extremamente vulnerável à concorrência, a riqueza escravista, canalizada pelo comércio estrangeiro e pelos usurários fornecedores de crédito a uma lavoura onerada de dívidas, significaria apenas o acúmulo de algumas fortunas particulares gastas na Europa.

Constatada a vulnerabilidade da economia escravista, verifica-se como a alienação abrange o próprio estrato dominante: senhor e escravo aparecem como objetos do sistema que os deforma a ambos, complementarmente.

Tal análise, porém, não obstante sua potencialidade crítica, limita-se a servir de argumento a favor da emancipação e se esgota a serviço da idéia de que a "mais-valia das terras cultivadas pelo trabalho livre ultrapassa o capital representado pelos escravos". O alvo real do abolicionismo europeu do século XIX continua sendo, pois, primordialmente, o estatuto jurídico do escravo, apesar da análise do sistema econômico global em que a escravidão se insere.

● ● ●

No Brasil, os germes de uma proposição vinculada à adoção da perspectiva dos dominados do sistema encontram-se esporadicamente expressos no curso do século XIX. É o caso dos projetos de José Bonifácio, o Patriarca, para incorporar indígenas e libertos à vida econômica nacional. Ou das idéias mais tarde expostas no opúsculo *A escravatura no Brasil*, do positivista Brandão Júnior (1865).

Essa crítica, porém, se ressente de um escasso aprofundamento analítico, não possibilitando à reflexão elaborar teoricamente uma proposta de prática transformadora.

É, pois, apenas no curso da década de 1878-1888 que se conjugam a teoria do sistema baseado na economia tropical (já esboçada pelo abolicionismo europeu da fase mais adiantada) e a adoção da perspectiva dos dominados.

Caracterizemos de forma sucinta essa conjuntura de destruição da ordem escravista.

• • •

Em fevereiro de 1878 é apresentada na Assembléia Legislativa Provincial de São Paulo uma proposta que criava um imposto proibitivo sobre cada novo escravo averbado na província. Apoiado pela coligação dos representantes dos distritos mais novos (que no futuro se definirão abertamente pelo imigrantismo europeu) e dos distritos mais antigos (cujo contingente escravo se valorizaria com tal restrição), o projeto, entretanto, se defronta com a resistência do Clube da Lavoura de Campinas, que congrega os importantes interesses da lavoura do Oeste mais velho. Contudo, em vista da ameaça tornada pendente sobre o abastecimento de escravos, essa lavoura passa a cogitar de soluções alternativas: assim, reivindicará a imigração de *coolies*, na expectativa de um suprimento de trabalho semi-servil, menos exigente. De qualquer forma, a oposição da lavoura mais nova, de vanguarda (para a qual, a longo prazo, se devia transferir a mão-de-obra escrava) carente de braços, à introdução de novos escravos na província, significando que a economia cafeeira se desinteressava do sistema, rompia o equilíbrio escravista nacional.

Expressando a nova conjuntura, eclode em 1879 a campanha abolicionista que, por sua vez, passa a atuar como elemento dinâmico da situação.

No ano anterior (1878) ascendera, após longo período de ostracismo, um gabinete liberal, presidido por Sinimbu, que manifesta sua consonância com as posições do Clube da Lavoura de Campinas, na reivindicação contrária à restrição do tráfico interprovincial e a favor do braço *coolie*. É a época em que o Congresso Agrícola tentava com medidas "atrativas" chamar a si o braço livre nacional de que a lavoura necessitava: os lavradores propunham ao governo isenção do serviço militar para o brasileiro que, tendo contrato de locação de serviços em estabelecimento agrícola, apresentasse atestado do locatário ou fornecesse qualquer outra prova de fiel cumprimento do contrato — ou seja, o elemento livre optaria entre o recrutamento para o Exército ou para a lavoura.

Além disso, argumentando com a freqüência de crimes de assassinato de senhores por escravos, o governo apresentava à Câmara, em fevereiro de 1879, uma proposta determinando a substituição da pena de galés pela de prisão celular. É exatamente durante a discussão dessa proposta que se desencadeia o movimento abolicionista parlamentar. Reagindo à tentativa de reforço à escravidão, o abolicionismo interpreta o volume estatístico desses crimes como uma resultante da intensificação do tráfico interprovincial, que acarretava o desenraizamento dos escravos, associado à superexploração a que eram submetidos nas áreas mais novas. Ou seja, em lugar de uma legislação mais repressiva, propunha-se a proibição do tráfico interprovincial. Igualmente era condenado com veemência o "sucedâneo" buscado na introdução de *coolies*.

● ● ●

O Gabinete Sinimbu propõe-se ainda a reforma eleitoral, que fazia parte do programa partidário.

A Constituição de 1824, em seu artigo 90, consignava as eleições indiretas, distinguindo entre votantes e eleitores. Dentro desse sistema, fora estabelecido pela lei de 19 de setembro de 1855 o círculo de um deputado, dando expressão à representação local. A eleição de 1856, realizada sob a lei dos círculos, é conduzida de modo a trazer à Câmara uma considerável minoria liberal, no ostracismo desde a revolução praieira, aliada aos conservadores "conciliados" e em oposição aos conservadores "puros". Por outro lado, num sistema dual de partidos de patronagem, onde o Partido Conservador devia assimetricamente prevalecer, a lei dos círculos é "corrigida" pela lei de 18 de agosto de 1860 que amplia os círculos estabelecendo o círculo de 3 deputados.

Dessa forma, a influência local nas eleições era restringida em favor do governo central, garantindo ao Executivo conservador uma maioria de sua cor política. Por outro lado, o sistema era suficientemente flexível para permitir a manifestação dos opositores, que já haviam consolidado suas bases.

Quando, numa fase posterior (1868), a Coroa provoca à margem do estrito sistema parlamentarista (uma vez que o Gabinete Zacarias tinha maioria na Câmara) a chamada dos conservadores ao poder, o novo Partido Liberal que se estrutura põe em discussão o conjunto do sistema político-administrativo. Ciente de que também o gabinete adversário teria perfeitamente condições de formar a "sua" Câmara, inclui a denúncia da eleição indireta, estabelecida constitucionalmente, como um dos fatores que dificultava a manifestação da verdade eleitoral: ao sistema indireto, pelo qual a massa dos votantes escolhia os eleitores dos representantes ao Legislativo, era contraposta a escolha direta desses representantes por um corpo eleitoral, cuja independência se fundaria num censo mais elevado que o vigente. Argumentava-se com uma diminuição da margem de manipulação, visto que ela já ocorria no primeiro nível, quando se buscava garantir os resultados a serem confirmados na segunda etapa.

De qualquer forma, como cumpria que o prolongado ostracismo do Partido Liberal não prejudicasse as regras do jogo, um ministério conservador promove a passagem da chamada lei do terço, promulgada a 20 de outubro de 1875, a qual garantia ao adversário uma representação considerável na Câmara — porém conservava o sistema da eleição indireta.

Quando o Partido Liberal retorna, pois, em 1878, o problema da eleição direta ainda está em pauta.

Havia, entretanto, a questão do *modus faciendi*. A eleição indireta estava consignada no artigo 90 da Constituição, e sua modificação implicaria, pois, em revisão constitucional. Por outro lado, o artigo 178 da mesma Constituição de 1824 não incluía a matéria eleitoral entre a explicitamente definida como constitucional. Sinimbu, porém, opta pelo pressuposto da reforma constitucional, nos termos do artigo 90, propondo uma Constituinte convocada para o estudo dessa matéria específica — a satirizada "Constituinte constituída". Na realidade, a reforma eleitoral representava para os liberais uma bandeira programática de que se haviam valido para candidatar-se ao governo. E se de fato visava uma melhor expressão da "verdade eleitoral" revestia-se de uma coloração eminentemente oposicionista, motivando o desinteresse de seus defensores uma vez no poder, ou seja, de posse dos recursos coativos disponíveis para fazer a "sua" Câmara. De qualquer maneira, é certo, tratava-se de uma bandeira liberal e os conservadores, mais freqüentes no governo, não a assumiam. Contudo, Sinimbu, ao concordar com o pressuposto da reforma da Constituição, não só se vê combatido pelos adversários do outro partido, como levanta contra si uma oposição intrapartidária, deixando o gabinete em março de 1880.

Quando Saraiva assume, a seguir, já encontra rechaçada a imigração chinesa e a campanha abolicionista em progresso. Declarando que o gabinete "não cogita" do problema servil, o presidente do Conselho, beneficiando-se do interesse generalizado em protelar manifestações parlamentares relativas à mudança do *status quo* escravista, faz concentrar a atenção na reforma eleitoral e obtém, por lei ordinária de 9 de janeiro de 1881, a eleição direta, a famosa "lei do censo".

Pelo artigo 92 da Constituição, os votantes tinham uma renda líquida anual de cem mil-réis, por bens de raiz, indústria, comércio ou empregos. Já os eleitores precisavam ter uma renda líquida anual de duzentos mil-réis. Ao instituir a eleição direta, a lei Saraiva a restringe aos que já são eleitores, ou seja, possuem a referida renda líquida de 200$000. Assim, uma enorme massa (a dos votantes) sem a capacidade econômica requerida para integrar o corpo de eleitores, é simplesmente excluída do processo eleitoral, sob a alegação de sua escassa independência. Além disso, era estabelecido o círculo de um deputado.

Reforçado o seu prestígio como chefe de partido, o presidente do Conselho, para assegurar o renome da lei perante os adversários políticos, exime-se de intervir no pleito para a legislatura seguinte. Conseqüentemente, a Câmara passa a contar com uma considerável representação oposicionista, — dentro da proposta de testar a qualidade da lei com o fato de o "governo perder uma eleição" — o que estimulava a dissidência no seio da maioria. Não havendo o governo interferido, os deputados comportavam-se com a independência de procuradores das influências eleitorais do seu distrito; além do mais, sem qualquer compromisso com a massa votante, podiam livremente transformar a Câmara, nas palavras de Joaquim Nabuco, num verdadeiro Congresso Agrícola.

Contudo, a não-interferência governamental não era inerente à lei. Em eleições posteriores não houve a mesma "imparcialidade" e, dentro das práticas eleitorais vigentes, falhando os recursos de coação e fraude no âmbito local, sempre era possível à Câmara da situação dominante "corrigir" os resultados no processo do reconhecimento de poderes dos deputados eleitos — as famosas "depurações". Além disso, num sistema de patronagem, a simples suposição de que o partido privilegiado na relação assimétrica (o Conservador) estava para subir, já influenciava o resultado das eleições.

Em suma, como resultado da consulta eleitoral feita em seguida à promulgação da lei Saraiva, emergiu um quadro de permanente instabilidade parlamentar, com deputados governistas dissidentes tendendo a unir-se à minoria adversária. No caso particular da questão escravista, a ameaça de dissidência intrapartidária tornava inviável qualquer tentativa de legalizar até as próprias alterações já introduzidas de fato a partir de 1881. Demais, a neutralidade do ministério significara um prejuízo ponderável à representação abolicionista liberal, exposta ao eleitorado sem auxílio do governo ou cobertura partidária.

Por outro lado, dadas as transformações que se operavam na situação de fato, não era, na verdade, inviável introduzir algumas reformas na lei, muito embora nenhum dos dois partidos ousasse assumir essa responsabilidade.

Por fim, em 1884 o Ceará declara-se província livre, seguindo-se as providências para emancipar o Amazonas. O Ministério Lafayette reage de maneira ambivalente. De início, saúda essas conquistas provinciais, incompatibilizando-se irremediavelmente com a lavoura. Em seguida, demite os presidentes das províncias emancipadas. Essa dubiedade torna insustentável o equilíbrio parlamentar do ministério que, em conseqüência, é derrubado com o auxílio dos deputados do seu próprio partido.

A Coroa intervém, abrindo uma nova fase no processo, ao considerar premissa para a chamada ao poder, o propósito de ocupar-se do problema da escravidão.

Sinimbu e Afonso Celso deixam de ser convidados, por não concordarem em dar primazia à questão escravista. Dirigindo-se em seguida a Saraiva, o mais prestigioso chefe liberal, o Imperador obtém sua anuência ao programa da Coroa. Mas, ao mesmo tempo, Saraiva abstém-se de aceitar o governo, alegando não lhe parecer possível, na ocasião, compor um gabinete capaz de superar as dificuldades que se levantariam na Câmara. Os termos de tal recusa permitem a formação, a 6 de junho de 1884, do ministério presidido por Manuel Pinto de

Souza Dantas, ex-ministro do Gabinete Saraiva de 1880. Ao mesmo tempo, uma ala do Partido Conservador, chefiada por João Alfredo Corrêa de Oliveira, passa também a recomendar-se à Coroa em nome da reforma servil.

O projeto de lei adotado pelo Gabinete Dantas, determinando a liberdade automática dos escravos maiores de 60 anos, sancionava o princípio abolicionista da não-indenização dos proprietários. Segue-se a rebeldia de uma ala importante do Partido Liberal, que através dessa cisão afastava a responsabilidade — que nenhum dos dois partidos queria assumir — da iniciativa na transformação do *status quo* legal. Além disso, o repúdio do seu próprio partido fazia ressaltar ainda mais a importância do apoio que o governo recebia dos abolicionistas e assim, repelindo o abolicionismo através de Dantas, o Partido Liberal se recomendava ao eleitorado agrário antes de realizar, efetivamente, o programa sugerido pela Coroa.

Aprovado um voto de desconfiança referente à proposta ministerial, o conflito é resolvido pela Coroa a favor do Executivo. Dissolvida a Câmara, a eleição processada com o ministério identificado com o abolicionismo traz de volta a dissidência liberal, agora conjugada a uma considerável bancada conservadora, beneficiada com o dilaceramento do partido no poder.

Por outro lado, a agitação desencadeada durante o Governo Dantas tornara inevitável o encaminhamento do problema, para o restabelecimento da tranqüilidade na lavoura.

A nova Câmara nega o seu apoio à política do gabinete e, sob o pretexto de uma manifestação de rua de que teria sido vítima um deputado, aprova, em maio de 1885, uma moção de desconfiança. Imediatamente se organiza um novo Gabinete Saraiva, reunificando-se o Partido Liberal.

Aceitando o encargo que recusara no ano anterior, Saraiva apresenta uma proposta que, repetindo a de Dantas nos seus objetivos gerais, buscava, no entanto, dissociar o Partido Liberal do abolicionismo.

Encarando a passagem do projeto como a última tarefa do Partido Liberal, no poder desde 1878 e recém-egresso de um grave conflito interno, Saraiva, para garantir o êxito de sua incumbência, estabelece negociações com os conservadores, na iminência de ascender. Delas se encarregando na dupla qualidade de representante de uma província essencialmente escravista e de uma área voltada para um tipo de trabalho alternativo, Antônio Prado firma uma posição de liderança dentro do seu partido, que lhe permitirá a efetivação do programa imigrantista (imigração subvencionada).

No dia 15 de agosto de 1886, quando o projeto já fora votado na Câmara, restando apenas aprovar-se a redação, Saraiva formaliza a renúncia do gabinete.

Os conservadores subiam com o ministério presidido por Cotegipe, com Antônio Prado na pasta da Agricultura. Dissolvida a Câmara liberal, a nova eleição redunda numa esmagadora maioria do Partido Conservador.

Com efeito, embora a lei de 1881, estabelecendo o círculo de um deputado, permitisse formar minorias consideráveis, esse resultado podia ser contrabalançado, não apenas por meio do efetivo emprego do aparato coativo no curso da própria eleição, como através da manipulação durante a fase do reconhecimento dos deputados eleitos. Assim, muitos deputados liberais não tiveram seus diplomas confirmados pela Câmara, configurando-se uma conjuntura de forte hostilidade interpartidária. A lei eleitoral, que o não-intervencionismo adotado por Saraiva em 1881 e a cisão do Partido Liberal ao tempo de Dantas haviam transformado em instrumento de independência inter e intrapartidária face ao governo, não impedia o Partido Conservador de ascender unido e implantar uma dominação partidária absoluta.

Promulgada a lei dos sexagenários, reabrem-se as hostilidades entre os dois partidos, com os liberais unificados sob a liderança de Saraiva, enquanto Cotegipe promove uma política repressiva contra o abolicionismo, lançando o Partido Liberal para a posição de porta-voz dos reclamos do abolicionismo.

Paralelamente, à medida que obtém o controle do Executivo provincial e encaminha a questão imigrantista, Antônio Prado, ministro do gabinete escravocrata presidido por Cotegipe, termina por se dissociar do ministério — fato que, encarado como importante defecção nas hostes escravistas, contribuía para animar o recrudescimento da agitação. É a época em que se intensifica a ação dos caifazes de Antônio Bento na província de São Paulo. E no Senado, 14 parlamentares liderados por Dantas propõem para o fim de 1889 o término da escravidão.

Quando os fazendeiros de Campinas representam à Câmara protestando contra a indiferença do Executivo provincial ante a fuga de escravos das fazendas, Antônio Prado toma a defesa do presidente da província em termos francamente abolicionistas. Os pronunciamentos de Antônio Prado e João Alfredo configuram uma cisão no Partido Conservador, uma das alas dispondo-se a promover a abolição (já então pleiteada pelo Partido Liberal). E tal proposta era viável em termos partidários, em vista da maioria maciça que o Gabinete Cotegipe levara à Câmara.

Formalizada a dissidência conservadora como força política, Joaquim Nabuco proclama da tribuna da Câmara a incompatibilidade entre a honra do Exército Nacional e as tarefas da captura de escravos fugidos. Logo em seguida os oficiais do Clube Militar representam à Princesa Regente no mesmo sentido, terminando assim de retirar as condições de segurança à propriedade escrava.

Por outro lado, a dissidência conservadora não encontrava dentro do partido, dado o golpe profundo a ser vibrado na sociedade agrária, força suficiente para derrubar o gabinete. Essa tarefa incumbirá à Coroa, passando a Princesa a reprovar ostensivamente a política de Cotegipe, até forçar praticamente sua retirada. Forma-se em seguida o Gabinete João Alfredo, com Antônio Prado na pasta de Estrangeiros (10 de março de 1888). O fato de continuar Rodrigo Silva, ministro com Cotegipe, na pasta da Agricultura, confirmava para o programa do gabinete o caráter de uma contingência partidária e facilitava, de certa forma, a disciplinada aprovação de uma medida de importância crucial, cuja responsabilidade, aliás, podia ser lançada sobre a Coroa, dado o comportamento ostensivo da Regente com respeito a Cotegipe. Tornava-se reduzido o alcance da resistência liderada por Cotegipe e Paulino de Sousa e, ao ser promulgada a 13 de maio de 1888, a lei encontra no plano parlamentar a oposição de apenas uma pequena minoria dos representantes de cada um dos partidos imperiais.

● ● ●

A caracterização do processo acima referido nos remete a uma constelação nacional onde o escravismo está minado em apenas dois pontos, situados nos extremos da escala econômica: o florescente Oeste mais novo de São Paulo e o Norte do país — este último incapaz de suportar sequer o braço escravo. Ou seja, o equilíbrio normal de forças é favorável à escravidão, configurando-se, pois, uma conjuntura revolucionária que pode ser teoricamente construída em termos da discrepância entre a hegemonia do escravismo e o interesse imigrantista do setor de vanguarda.

A emergência de um movimento nacional abolicionista cria, através da agitação, o contexto "cataclísmico" em que a superioridade efetiva dos interesses escravistas dentro da constelação agrária se torna menos relevante. E o pequeno setor imigrantista capitaliza em seu proveito a destruição do escravismo, associando-a à introdução em massa de braço imigrante, subvencionada pelo Estado.

Há que notar que a agitação abolicionista não emerge de um confronto direto de forças pró e antiabolicionistas dentro da constelação escravista, como por exemplo ocorreu nos Estados Unidos. Mais do que isso, são ambíguas as relações entre abolicionismo e imigrantismo.

A inclinação antiescravista do setor mais próspero da lavoura cafeeira (manifestada em 1878 nas restrições ao tráfico interprovincial) será percebida pelos abolicionistas apenas enquanto fator favorável à criação da conjuntura favorável requerida pelo abolicionismo. Da mesma forma, a defecção de Antônio Prado das hostes escravistas, uma vez encaminhado o imigrantismo, é interpretada como resultante do crescimento do movimento abolicionista, dentro de um processo que deveria superar tal aliança provisória. Mais que isso, o abolicionismo é severamente crítico com respeito à posição do setor imigrantista quanto ao problema da mão-de-obra e à sua falta de disposição de incorporar corretamente o elemento nacional à economia.

Por outro lado, também o imigrantismo, de moto próprio, se dissociará politicamente do abolicionismo, cuja luta, no entanto, capitalizará — e justamente para que pudesse fazê-lo. Assim, depois da primeira investida contra o tráfico interprovincial (que, anunciando a crise do sistema, tem como resposta o desencadeamento do movimento abolicionista), o imigrantismo, através de Antônio Prado, coliga-se taticamente com a defesa da escravidão no plano político. E garantindo, dessa forma, através do controle do poder, a interpretação da crise da ordem escravista em termos de um colapso no abastecimento de braço, que tornaria imprescindível a imigração européia subvencionada, o imigrantismo só então adere ao abolicionismo, para que se restabeleça a ordem, com a abolição. Mas então, a abolição acaba esgotando-se na supressão do *status* jurídico do escravo, diversamente do que propunha o pensamento abolicionista, que visava a transformação da ordem em que a escravidão se inseria e que lhe podia sobreviver.

• • •

Reflexão estruturada em termos de um estreito vínculo entre teoria e práxis, num raciocínio fundado na adoção da perspectiva dos dominados do sistema, a riqueza do pensamento abolicionista deve ser interpretada no âmbito de uma conjuntura revolucionária que, embora ao cabo se revelasse parcial, podia ser ressentida, no *aqui e agora*, como global.

As proposições articuladas no pensamento abolicionista encontram-se explícita ou implicitamente formuladas nos escritos e discursos de Joaquim Nabuco da fase de 1879-1888, quando ele assumiu a *consciência* do povo (como escreveu na carta que citamos na p. 12).

O ponto de partida desse pensamento pode ser situado na descoberta de uma duplicidade de sentido na organização política imperial. Assim, nela se veriam negados os valores do liberalismo político, uma vez que os partidos ascendiam, não em virtude de uma opinião, mas por mercê da Coroa, e os gabinetes contavam com o servilismo da Câmara. Mas, por outro lado, fora esse mesmo quadro que, permitindo à Coroa dissociar os interesses de partido dos da sociedade agrária, tornara possível limitar a escravidão, através da lei de 1871.

Em conseqüência, a categoria *liberalismo político* perde o seu caráter geral e absoluto e a reflexão passa a focalizar a especificidade da realidade brasileira em que aquela contradição se insere.

Adotada a perspectiva do escravo, essa realidade recebe uma avaliação negativa, impelindo à busca de recursos teóricos para o estabelecimento de suas determinações — do que resulta de imediato o seu tratamento como uma estrutura funcionalmente articulada (sistema).

Com o estabelecimento dessa hipótese metodológica, o raciocínio abolicionista amplia o alcance crítico da análise de alguns aspectos característicos da sociedade escravista brasileira, apreendidos em esboço a partir de um primeiro confronto contrastante com o modelo das sociedades de economia industrial.

Assim, o caráter predatório da ocupação do solo, inerente à lavoura tropical, transforma-se em indício da ausência de um consórcio entre o homem e a terra, deficiência à qual se vincularia o definhamento das regiões exploradas pela escravidão, imersas no passado.

O problema do subpovoamento do território conduz à descoberta de uma diferença entre a "iniciativa para migrar" e a "avidez para estender-se": a existência de uma grande superfície de terra incógnita no Brasil passa a interpretar-se em termos do caráter simplesmente extensivo da lavoura tropical.

A ausência de vida urbana, fora das capitais das províncias, é relacionada com o parcelamento do solo em grandes propriedades cultivadas por escravos: ao isolamento imposto à grande propriedade, onde mesmo os agentes do pequeno comércio são suspeitos ao senhor, corresponderia a centralização dos fornecimentos em algumas praças do país. Apontado o paralelismo rural-urbano, passa a evidenciar-se a fatalidade do desenvolvimento cíclico dos centros locais: ao esgotamento do solo e abandono de uma população miserável, resultado da marcha da lavoura tropical, corresponderia a transformação de cidades inicialmente florescentes em cidades mortas, desprovidas dos mais elementares melhoramentos urbanos.

O baixo nível de vida da massa é relacionado com o monopólio do solo, explorado pela grande lavoura escravista. Assim, o nomadismo do sertanejo, internado no mato, passa a ser percebido como uma conseqüência da repulsa da lavoura tropical pelo elemento livre, por ela mantido em estado de penúria, vivendo em choças sem móveis, "com a rede do índio ou o estrado do negro por leito, a vasilha de água e a panela por utensílios, e a viola suspensa ao lado da imagem". Correlatamente, a indigência popular, nas vilas e nos centros maiores, a cujas portas se estendem "cabanas que parecem, no século XIX, residências de animais", revela-se como a contrapartida urbana da miséria rural, ambas faces da mesma degradação imposta ao povo brasileiro.

Ressaltado, assim, o sentido negativo do sistema também para o elemento livre, a escravidão se transforma no resultado da *escravização* aviltante, a que a grande lavoura submete a parcela popular de cujo trabalho se serve.

Uma vez evidenciada a relação espoliativa básica da grande propriedade para com o sertanejo, ela é reencontrada na única forma pela qual se efetuava a integração nacional dessa massa praticamente privada da proteção do Estado: o recrutamento para o exército, de cujo serviço se isentavam os senhores e suas famílias, escravos e clientes.

A sujeição dos agregados e moradores, prestando vassalagem ao senhor, em troca do consentimento *para edificar* suas choças dentro da grande propriedade, é apresentada como um novo sinal da redução de *status* do homem livre. A expulsão para punir as tentativas dos moradores de transcender a cultura para o consumo, bem como a insegurança dos próprios meeiros (privilegiados entre os não-proprietários), vivendo ao arbítrio do senhor das terras que cultivam, passam a interpretar-se em termos de uma resistência da grande lavoura à radicação do produtor livre ao solo. Correlatamente, o estado de abandono em que se vêem mantidas grandes glebas dos domínios, passa a ser percebido como resultante do fato de que o senhor prefere desistir da cultura da terra a permitir o seu usufruto pela população.

O delineamento desse esquema, pelo qual a massa nacional que não pratica o trabalho forçado é impedida de trabalhar, permite ao abolicionismo reformular o problema da apatia manifestada pelo elemento livre, quando ocasionalmente solicitado. Enquanto a lavoura, defendendo a escravidão ou a imigração, aceita a "ociosidade do brasileiro" como um dado, o abolicionismo a interpreta em termos de padrões desenvolvidos num sistema que lhe veda a cultura da terra e, na cidade, não o aproveita como operário industrial. Ao estereótipo do brasileiro que "não quer trabalhar", o abolicionismo contrapõe o dever patriótico de conseguir que ele queira e possa fazê-lo.

Adotada, assim, como alvo, a incorporação econômica normal da massa brasileira, o abolicionismo transcende a batalha pela emancipação jurídica do escravo, e passa a apontar para a mudança do próprio sistema em que a escravidão se insere (e que pode persistir mesmo depois de abolido o estatuto escravista).

É essa linha que norteia o antiimigrantismo, enquanto forma de recrutamento de braço, vinculada a uma atitude negativa da lavoura para com o elemento nacional, apenas admitido ao trabalho na condição de escravo. Ao mesmo tempo, porém, que ressalta a concorrência da mão-de-obra imigrante à brasileira, o abolicionismo percebe o imigrantismo como a forma (lesiva também para o imigrante) encontrada pela grande propriedade para substituir o braço escravo que lhe passa a faltar. Essa colocação cria uma aliança entre os interesses do imigrante e os do trabalhador nacional e, em nome de ambos, o abolicionismo reivindica, como premissa do estabelecimento de uma corrente povoadora européia, que o país se torne uma "pátria para os seus próprios filhos".

O problema do subaproveitamento da população conduz o abolicionismo a apontar o sentido antieconômico de um sistema em que a indústria não se insere, e que mantém milhões de produtores potenciais em regime de economia de subsistência, nos interstícios da grande lavoura. Igualmente é negada ao Brasil, produtor de "três ou quatro gêneros tropicais", a qualidade de "nação rica", que lhe atribuía a opinião comum.

A evidência de que, das duas únicas atividades econômicas do país, apenas a agricultura é nacional, transforma-se em prova suplementar contra o sistema: uma vez que a nacionalização (forçada) do comércio (estrangeiro desde a abertura dos portos) redundaria em escassez de suprimento, o problema de torná-lo uma atividade nacional legítima, passa a vincular-se necessariamente a uma mudança mais ampla.

Por outro lado, são ressaltados os mecanismos pelos quais o regime escravista impede o aparecimento do consumidor e reduz a permuta local ao contacto esporádico com o mascate. Em conseqüência, o comércio praticado no país passa a ser percebido como objeto de uma deformação que, tirando-lhe a "independência de um agente nacional", confere-lhe a forma espúria de banqueiro usurário (ou agente de trocas e fornecedor de braço) da lavoura escravista.

No exame da atividade básica — agricultura — são destacadas as diversas maneiras pelas quais a grande propriedade territorial onera ou pretende onerar a comunidade (a dispensa de todo e qualquer imposto direto, por exemplo). O argumento de que essas reivindicações correspondem a auxílios de que a lavoura necessita, conduz à constatação do regime de falta de crédito em que ela vive e que em algumas províncias do Norte é sujeita a uma sufocante usura. Esse quadro, por sua vez, se transforma em prova decisiva contra um sistema no qual a agricultura, sua pedra angular, vê-se reduzida à bancarrota.

Focalizando o problema do crédito agrícola, evidencia-se um estado de crise econômica que se manifesta na transferência sistemática da propriedade territorial para as mãos do comerciante credor (traficante de escravos até 1850) — o que reduz a camada proprietária a uma "aristocracia heterogênea e que nem mesmo mantém a sua identidade por duas gerações". Em conseqüência, a hipertrofia do funcionalismo passa a interpretar-se como um meio da grande lavoura obrigar o Estado a sustentar os membros empobrecidos do estrato dominante, através de um encargo orçamentário que a Nação "paga com o próprio capital necessário à sua subsistência".

Por outro lado, focalizadas as condições existenciais dos funcionários, "servos da gleba do governo (...) sujeitos a uma evicção sem aviso" (pela derrubada), a procura intensa do cargo público apresenta-

-se como contrapartida da limitação que o rudimentarismo do sistema impõe ao desenvolvimento de outras carreiras. Além disso, exatamente pelo seu papel "improdutivo" — isto é, alheio à rede de atividades econômicas ligadas à escravidão — o funcionalismo representaria um refúgio de relativa independência para o homem de talento.

Com a descoberta do estado precário da própria aristocracia, a condição de *objeto* é estendida à sociedade total: a realidade empírica da sociedade passa a interpretar-se como o resultado de uma deformação que lhe é imposta por um sistema que desenvolve uma agricultura e um comércio espúrios, em lugar da verdadeira agricultura, do verdadeiro comércio e da indústria.

Essa perspectiva crítica leva o abolicionismo a encarar a pobreza de valores espirituais na sociedade brasileira como inerente à ordem estabelecida.

Nessa linha, o analfabetismo generalizado, bem como a organização deficiente e o baixo rendimento da educação escolar, passam a interpretar-se em termos do papel que compete à "ignorância de todos" no preservar o *status quo*.

A partir desse enfoque, o abolicionismo ressalta a inconsistência de um procedimento metodológico que redunda em apontar isoladamente os vários problemas nacionais (educação, administração, etc.), sem atingir o fundamento do qual eles são simples manifestações.

Na mesma ordem de idéias, o abolicionismo solapa ainda a posição crítica que, em nome do liberalismo político, verberava a deformação sofrida pelo regime representativo no Brasil, tratando-a, porém, como um fenômeno autônomo. Inserido num contexto mais amplo, o funcionamento do regime representativo brasileiro se revela o resultado necessário de "um enxerto de formas parlamentares num governo patriarcal". A fraqueza dos gabinetes ante a Coroa, e da Câmara ante o gabinete, passa a interpretar-se em termos da natureza não-doutrinária dos partidos imperiais, comparáveis a "sociedades cooperativas de colocação ou de seguro contra a miséria". A ausência de uma opinião pública esclarecida e o primitivismo das práticas eleitorais, que colocam o resultado das eleições na dependência da ação de "capangas" e "capoeiras", são, por sua vez, vinculadas a esse quadro político-partidário de clientela.

Dessa análise resulta a construção de um sistema com referência ao qual é elaborado o conceito *Escravidão*.

Ao procurar a determinante desse sistema, o raciocínio abolicionista o dissocia analiticamente em planos, dos quais o básico seria o regime territorial e agrícola escravista.

Esse plano que assim se destaca, não é elevado, porém, à categoria de *causa*: o regime territorial e agrícola escravista é, ele próprio, manifestação do princípio ordenador do sistema em que se insere, isto é, o regime territorial e agrícola da *Escravidão*.

As condições para superar o sistema são encontradas na sua dinâmica interna e se apresentam como decorrência de ser a riqueza produzida pela agricultura — em cuja distribuição é excluída a massa popular, escravizada ou livre — canalizada pelo comércio usurário e pelo Estado, que sustenta os membros empobrecidos da camada senhorial. O aumento da importância econômica relativa dos cargos da administração com a decorrente disputa pelo seu usufruto fundaria a existência dos dois partidos de patronagem, os quais, ao tomarem a Coroa por árbitro, colocavam-se à sua mercê. Essa seria a origem do poder independente da Coroa, que lhe permitia inclusive antagonizar os partidos com a sociedade agrária, levando-os a atingi-la na sua propriedade escrava. Dessa forma, o sistema desenvolveria a contradição de perder a camada detentora do poder sócio-econômico o controle do poder político.

Acompanhando a resposta às iniciativas da Coroa alterando o *status quo* escravista, o abolicionismo verificava que, à medida que a escravidão se via golpeada com mais violência, a sociedade agrária abandonava a atitude passiva e tentava (em vão) recusar prioridade ao interesse partidário em conservar o poder: em 1871, a passagem da lei do ventre livre cinde o Partido Conservador e chega a provocar um impulso menos lealista com respeito à Coroa. A abolição deveria acarretar um acirramento mais intenso da luta, na qual, novamente, a sociedade agrária seria abandonada pelos partidos imperiais. À ação abolicionista competia induzir a Coroa ao combate, configurando-se, assim, a conjuntura revolucionária em que a organização política deveria destruir a Escravidão e destruir-se com ela.

● ● ●

Uma vez reconhecido o papel dinâmico da Coroa, coloca-se para o abolicionismo a tarefa de criar a força — sujeito da ação abolicionista — que, atuando politicamente, deve pressioná-la.

O seu ponto de apoio para esse fim é a aspiração emancipadora, crescentemente experimentada pela *intelligentzia* universitária e pela massa urbana em geral, e que se traduzia tanto no aparecimento de sociedades de tipo filantrópico, como no protesto combativo de Luiz Gama. Sobre a geral receptividade assim revelada por esses indícios, deveria atuar a propaganda abolicionista, despertando as consciências pela agitação. A *opinião abolicionista*, criada por essa forma, seria a cunha que a consciência introduz entre a minoria interessada em conservar a propriedade humana e o resto da população, para revelar-lhe que essa propriedade "que não a atinge diretamente é a causa de todo o seu atraso no presente e no futuro".

A dinâmica da opinião se cristaliza no *movimento abolicionista*. Força política que reivindica a emancipação, o movimento abolicionista tem, naturalmente, o apoio dos escravos, que as contingências de ordem existencial impedem, contudo, de integrar as suas fileiras. A noção de um *mandato da raça negra* permite superar essa dificuldade, conferindo ao movimento, por uma delegação ideal, a representação política do escravo.

• • •

Ao constituir-se em força política, o abolicionismo se defronta com a resistência da Escravidão a qualquer mudança no *status quo* e, principalmente, à abolição.

Projetando-se no passado, o abolicionismo apóia o Gabinete Zacarias (1867), que ousa pôr em pauta o cerceamento do escravismo; é adversário de Itaboraí (1869), que retarda a marcha do problema; e aliado de Rio Branco que, na batalha travada contra a Escravidão, não recua ante o dilaceramento do próprio partido (1871).

Essa aliança com Rio Branco não implica um juízo sobre o conteúdo do projeto de lei defendido pelo governo — obviamente insatisfatório da perspectiva abolicionista — mas responde à resistência das forças interessadas em manter o *status quo*. Por isso, contrariamente aos escravistas, que haviam apontado as deficiências para impedir-lhe a passagem, o reconhecimento abolicionista das lacunas da proposta formula-se em termos de novas reivindicações, a serem apresentadas *após* a promulgação da lei.

Uma vez, pois, que o obstáculo à passagem do projeto beneficia o escravismo, uma conduta coerente do ângulo abolicionista exige todo o apoio a Rio Branco nesse terreno.

Desde que a lei é promulgada, porém, na medida mesmo em que a resistência escravista, que a combatera na véspera, agora a proclamava como a última palavra em matéria de emancipação, o abolicionismo se torna o seu principal crítico e passa a solicitar a mudança do novo *status quo*.

A votação da Assembléia Legislativa de São Paulo contra o tráfico interprovincial (1878) faz nascer a conjuntura favorável à emergência do movimento abolicionista; o despojamento já avançado de escravos do Norte, acrescido pela disposição de um setor da lavoura cafeeira para remunerar o trabalho assalariado, tornaria a Escravidão vulnerável em dois flancos.

Esse momento se acompanha do desempenho das primeiras tarefas abolicionistas.

Em 1879, o abolicionismo se opõe às tentativas da Escravidão para melhorar seus recursos de segurança (substituindo a pena de galés pela de prisão celular) e para reorganizar-se através do trabalho semi-servil asiático. Da mesma forma, combaterá o tráfico interprovincial que retardava o reajustamento da lavoura cafeeira em bases não-escravistas.

Dessa primeira participação efetiva do abolicionismo na prática, decorre imediatamente uma definição com respeito à conduta política dos seus adeptos, enquanto integrantes das fileiras de um ou outro dos partidos imperiais que se revezavam no poder. Assim, os abolicionistas estabelecem o princípio de uma lealdade exclusiva à sua causa, em prejuízo, embora, dos interesses de partido. Dessa maneira, a cor partidária de Sinimbu não impedirá os abolicionistas liberais de cumprirem, na Câmara, o dever de "derrubar o gabinete que se propunha, como programa seu, garantir a escravidão, restaurar a grande propriedade e deixar estabelecida a corrente chinesa". No mesmo sentido, Joaquim Nabuco tornará patente, em 1880, que o seu apoio ao Gabinete Saraiva se condicionava à adoção de um programa emancipador. Explicita-se, assim, perante o país, a linha de independência dos abolicionistas face aos partidos.

O interesse do Gabinete Saraiva em evitar um compromisso, seja com a emancipação, seja com o escravismo, determina a tarefa abolicionista de forçá-lo a definir-se. Por isso mesmo que instado pelo governo a não promover o debate do seu projeto emancipador, Joaquim Nabuco insistirá no seu propósito. À recusa da Câmara em oferecer número para esse fim, como prova de confiança ao gabinete, segue-se a denúncia abolicionista do caráter retrógrado de um ministério liberal que proibia a discussão de um problema já tratado por câmaras conservadoras.

Ao mesmo tempo, Joaquim Nabuco, proclamando-se "intransigente quanto ao fim", mas transigente "quanto aos meios", declarava satisfazer-se, em caráter provisório, com medidas restritas mas que modificassem "por qualquer forma o *status* da escravidão" e oferecia o apoio abolicionista a um projeto proibindo o tráfico interprovincial.

A própria existência desse projeto, por sua vez, permitia ao abolicionismo ressaltar o fato de que os seus adversários na Câmara não constituíam um monolito, mas se dividiam em dois grupos: o dos que consideravam o método da lei de 28 de setembro de 1871 como definitivo, e o daqueles que admitiam, de alguma forma, a mudança do *status quo*. O primeiro grupo será chamado de escravista ou escravocrata. Na linguagem corrente, a designação *escravocrata* (que Martinho Campos reivindicará imediatamente para si) passará a aplicar-se, daí por diante, a todos aqueles que, dentro ou fora do Parlamento, recusavam-se a qualquer passo além da lei de 28 de setembro de 1871. Do ponto de vista do abolicionismo, a expressão terá um sentido mais amplo, referido à resistência oposta, em cada etapa, à progressiva reforma do *status quo* e ao movimento abolicionista.

O radicalismo dos deputados abolicionistas provoca logo uma cisão no campo não-escravista: aqueles cujas convicções emancipadoras não impediam de justificar a prudência do gabinete e da Câmara, protestam contra os critérios abolicionistas no conferir o rótulo de "escravista".

A eleição de 1881, proposta por um gabinete que os abolicionistas haviam combatido, a um eleitorado já prevenido contra eles, marca uma conjuntura de estagnação da luta política abolicionista.

É nesse contexto que Joaquim Nabuco, derrotado nas urnas e reconhecendo não ser o momento dos políticos, mas "dos homens de ação", que "podiam tornar a abolição um fato consumado no país antes de o ser na lei", retira-se para a Europa, evitando o desgaste que adviria, para o movimento, da presença improfícua do seu líder no país. É durante a sua permanência em Londres, nesse período, que Joaquim Nabuco sistematiza a teoria inspiradora do movimento no livro *O abolicionismo*, cuja redação, concluída em 1883, ele considerará o seu maior serviço pessoal à propaganda.

A libertação do Ceará e o pronunciamento favorável do Ministério Lafayette a respeito (1884), marcam uma nova etapa política que determina o imediato regresso de Joaquim Nabuco ao Brasil.

O recuo do gabinete, demitindo os presidentes das províncias emancipadas (Ceará e Amazonas), não chega a alterar de modo significativo o quadro político, pois logo se constitui um governo encarregado de apresentar um projeto de emancipação (Gabinete Dantas).

A primeira tarefa política que se coloca para os abolicionistas nessa fase, consiste em apoiar a Coroa, que elevara a emancipação à esfera do governo, e o Partido Liberal, que aceitara os riscos da incumbência.

Assim, procurarão destacar todo o significado do compromisso com a emancipação, envolvido no pronunciamento feito por Saraiva ao recusar-se a formar gabinete. O presidente do Conselho, Dantas, apresentado como o novo Rio Branco, ver-se-á sustentado na imprensa pelas melhores penas do abolicionismo — Nabuco, Ruy Barbosa, Gusmão Lobo, Barros Pimentel.

Esse apoio a Dantas não resultava das providências consignadas em seu projeto — cujas concessões emancipadoras os abolicionistas reputavam insignificantes — mas decorria de uma antecipação da grande resistência com que assim mesmo ele se defrontaria.

Animando o governo, os abolicionistas distinguem entre os vários tipos de óbices que o projeto teria que vencer.

"Separe o ministério a resistência escravagista em quatro campos: 1.º) o dos proprietários de escravos nas cidades, ou melhor, dos proprietários de escravos domésticos; 2.º) dos proprietários de escravos agrícolas, para os quais o escravo tem valor venal independente da terra; 3.º) e esta é a classe dos piores inimigos do abolicionismo, o dos credores, hipotecários ou não da lavoura, para os quais o escravo é uma caução do capital adiantado; 4.º) o dos proprietários que não querem vender os seus escravos, que não concebem tal possibilidade, e que somente os conservam como escravos para terem certeza da regularidade do trabalho agrícola. Divida o governo a resistência escravagista nesses quatro campos e não se tema de parecer inimigo irreconciliável dos três primeiros."

A nova conjuntura, provocando o acirramento da lavoura escravista, configura uma união no campo contrário, com o abolicionismo na vanguarda.

Discursando no Senado a 9 de junho de 1884, para denunciar as atividades repressivas dos Clubes da Lavoura, Cristiano Ottoni explicita as divergências entre os adeptos da reforma no terreno legal, e os abolicionistas, que animavam a agitação.

Assim, os emancipadores, como ele próprio, não seriam entusiastas da abolição cearense, aprovando, entretanto, a do Amazonas, feita pacificamente, com o auxílio dos cofres públicos. Essa discrepância traduzir-se-ia, também, numa forma diferente de encarar o emprego dos escassos recursos financeiros angariados nas campanhas populares: enquanto os emancipadores tendiam a destiná-los às alforrias, os abolicionistas preferiam utilizá-los para intensificar a propaganda. Considerando *emancipador* e não *abolicionista* o projeto do governo, Cristiano Ottoni se coloca ao lado de Dantas, criticando os "escravocratas emperrados" que, arrogando-se embora uma aspiração emancipadora, sempre encontravam, entretanto, razões para não dar um passo além da lei do ventre livre, que instituíra a "morte como verdadeiro emancipador". Acusando o escravismo reacionário, aferrado ao *status quo*, de ter produzido a agitação abolicionista, Ottoni apelava a Dantas para que apresentasse o seu projeto e dissolvesse a Câmara em caso de fracasso, "facilitando assim a organização dos dois partidos, emancipador e escravocrata, únicos que presentemente têm razão de ser".

Saudando pela imprensa esse discurso, Joaquim Nabuco observa que, malgrado as divergências entre emancipadores e abolicionistas, ambos pertenciam ao mesmo campo não-escravocrata, na perspectiva da política prática. Por isso, se se estruturasse um Partido Emancipador, os abolicionistas (que Ottoni provavelmente excluiria) "fariam parte dele de direito, como o mais faz parte do menos, e o espírito faz parte da transação".

O desenrolar dos acontecimentos reforça a união do campo não-escravista. Assim, é o emancipador Cristiano Ottoni que toma a defesa dos professores abolicionistas da Escola Politécnica, atacados na tribuna da Câmara e do Senado. É ainda Ottoni que denuncia a manobra da Câmara liberal, que buscava derrubar o Gabinete Dantas sem explicitar a verdadeira causa de sua oposição: o projeto de reforma servil.

Nesse episódio da luta da Câmara com o gabinete, os abolicionistas, apoiando Dantas que se recusava discutir outra questão de confiança além da proposta ministerial, apontam, na cautela dos adversários do governo em aceitar esse terreno, o interesse em evitar um compromisso aberto com o escravismo, dada a linha reformista então assumida pela Coroa.

Aliados aos deputados ministeriais, os abolicionistas se defrontam com os conservadores e a dissidência liberal coligados. Constituídos os dois campos, uma vez aceito pela Câmara o desafio do gabinete —

caracterizando-se, pois, a represália ao governo por sua iniciativa no concernente à reforma servil —, o voto contra Dantas transforma-se em manifestação a favor da resistência escravocrata. Nessas circunstâncias, os abolicionistas denunciam a ala emancipadora do Partido Conservador, chefiada por João Alfredo, por votar contra Dantas por motivos partidários, postergando o programa em nome do qual se recomendava à Coroa e assumindo, portanto, uma posição prática que não se distinguia da dos escravocratas.

O propósito de dissolver a Câmara, manifestado por Dantas, é interpretado como uma decorrência do dever que tem o estadista identificado com uma aspiração nacional, "de não resignar antes de esgotados os meios constitucionais". Da mesma forma, a anuência da Coroa em conceder esse recurso apresenta-se como o resultado de ter o Imperador compreendido que era a emancipação e não a escravidão "que devia consultar o país".

As dificuldades políticas encontradas por Dantas levaram alguns ministerialistas a negar o acerto da maneira pela qual o presidente do Conselho conduzira a apresentação do projeto de reforma servil: a seu ver, Dantas deveria ter guardado a proposta para *depois* das eleições que, assim, promovidas em terreno neutro, propiciar-lhe-iam uma Câmara favorável.

Manifestando-se em 1886 a esse respeito, no opúsculo *O erro do Imperador*, Joaquim Nabuco, tomando a defesa de Dantas, observará que essa alternativa

"do ponto de vista moral, teria sido um estratagema indigno; do ponto de vista político, teria sido uma ingenuidade; mas do ponto de vista abolicionista, teria sido o maior dos erros".

De fato, o abandono de Dantas pelo seu partido reforçava a sua aliança com o abolicionismo e configurava *realmente* a "situação abolicionista", com cuja ameaça a resistência justificara desde o início o ostracismo do gabinete. Nessas circunstâncias, a eleição promovida por Dantas para formar nova Câmara, assumia uma importância especial para os abolicionistas, que nela viam jogar-se o *status* já alcançado.

Interpretando essa conjuntura, Joaquim Nabuco explicará ao eleitorado pernambucano que não se limitava mais, como em 1881 — quando se candidatara pela Corte, prevendo derrota certa, apenas para firmar um princípio —, a lavrar um ato de protesto, mas, diversamente, travava batalha a fim de garantir um lugar de combate no Parlamento.

A fase que se inicia com a chamada do Gabinete Dantas e culmina com a eleição para a Câmara, é o ponto alto da campanha abolicionista. Na euforia que decorre de perceber-se o movimento em termos de uma "minoria que conta com o futuro e se sente crescer rapidamente", a eloqüência de Joaquim Nabuco alcança os seus momentos mais inspirados. Ante a receptividade revolucionária, estimulada pelo entusiasmo coletivo, o líder, desenvolvendo uma ação pedagógica, procurará conquistar para a teoria abolicionista a opinião criada pela propaganda dos tribunos populares. Aliando a situação dos escravos à dos dominados livres, e progredindo para a denúncia do caráter negativo do sistema, mesmo para os seus aparentes beneficiários, desvenda ao povo as tarefas mais amplas do abolicionismo, para além do horizonte da emancipação *strictu sensu*. O movimento, que se arrogava um *mandato da raça negra*, passa a assumir a representação da sociedade total.

Simultaneamente, o abolicionismo passa a redefinir-se com respeito ao sistema político-partidário.

Até então, o movimento se percebera, do ponto de vista organizatório, como um conglomerado de membros dos três partidos existentes — Liberal, Conservador e Republicano. Ao considerar a hipótese de articular-se o abolicionismo em partido distinto, Joaquim Nabuco a vinculava, antes de 1884, à eventualidade de ser formado um gabinete abolicionista: nesse caso, o núcleo doutrinário (opinião) ver-se-ia engrossado pela cauda adventícia dos que aderiam por motivos de patronagem, e que representavam o esteio dos partidos tradicionais.

Com a importância assumida pelo movimento ao sustentar o Gabinete Dantas, porém, passa a ser proposta a estruturação do abolicionismo em partido puramente doutrinário, cuja força adviria justamente do seu cunho impessoal, da ausência do "patronato para distribuição de empregos públicos", típico dos partidos oficiais. Aos três partidos existentes seria acrescentado, pois, o Abolicionista, ao qual caberia presidir às tarefas da transformação da sociedade brasileira.

Na oportunidade propiciada pela campanha eleitoral de 1884-85, Joaquim Nabuco procurará promover a educação política popular, com vistas ao alicerçamento de um futuro Partido Abolicionista.

Recomendando-se ao eleitorado, explana, através de um retrospecto de sua vida pública desde 1879, quando ingressou na Câmara, as normas de uma conduta política coerente, da perspectiva do abolicionismo. Ao mesmo tempo, chama a atenção do país para a diferença entre o debate em praça pública, introduzido por um partido que não precisava de "chefes, nem de táticas, nem de consistórios", e as manobras de bastidores, características dos partidos tradicionais. Ao Partido Abolicionista, doutrinário, são contrapostos os partidos de patronagem, que criavam o "mercado eleitoral", através da corrupção e da violência, métodos esses dos quais resultaria, provavelmente, não estar o abolicionismo representado nas urnas à altura da realidade do estado da opinião.

A reabertura da Câmara após a eleição marca o fim do governo Dantas. Esse resultado já fora de certo modo previsto pelos abolicionistas antes mesmo do início da campanha eleitoral. Num artigo escrito em agosto de 1884, Joaquim Nabuco reconhece a desvantagem representada pelo voto censitário e pelos novos círculos que, transformando o deputado em procurador das influências eleitorais do seu distrito, tendiam a compor câmaras escravistas. A partir desse dado, Nabuco reivindicava da Coroa que empenhasse seu poder sobre os partidos, a favor de Dantas e da abolição.

Diante da crise que se instala (e que provoca a mudança do gabinete), os abolicionistas tornam a esclarecer que seu apoio a Dantas se fizera "malgrado o seu projeto", decorrendo de uma identificação entre o abolicionismo e o governo, não repelida por este. Por isso mesmo, não estariam dispostos a aceitar outro semelhante de nenhum estadista que não fizesse causa comum com o abolicionismo.

Combatendo Saraiva no Parlamento (1885), continuarão insistindo na sua "aliança com Dantas e não com o seu projeto": os abolicionistas votariam toda e qualquer medida que aumentasse, em vez de moderar, a velocidade adquirida pelo movimento abolicionista. No entanto, verificavam que, depois da oposição a Dantas, dissidentes liberais e conservadores apoiavam um projeto Saraiva

> "sobre o qual as opiniões podem variar, se é mais ou menos adiantado do que o projeto Dantas, mas que apresenta do ponto de vista da propriedade em que as antigas oposições se colocavam, tantos aspectos de semelhança com o anterior, que se faz mister um microscópio para se acharem as divergências entre eles".

Na própria medida em que esse projeto alcançava a complacência do bloco que se rebelara contra o de Dantas — sendo que Saraiva qualificava mesmo de "mais liberal" a nova proposta — impunha-se como tarefa abolicionista o antagonismo ao gabinete e ao projeto que representava uma concessão do escravismo.

Essa diretriz, entretanto, tinha o inconveniente de poder ser interpretada como indiferença ante uma oportunidade para alcançar uma melhoria — pequena embora — na sorte dos escravos. Pactuar com o governo significaria, porém, exatamente a paralisação da luta, nos termos desejados pelo escravismo. Sustentando que uma lei, para ser boa, devia ser "imposta à resistência e não ao movimento", os abolicionistas respondem a Saraiva com um projeto fazendo cessar a escravidão no Império.

A linha política assim assumida não implicava, porém, que se rejeitasse o projeto ministerial (apesar da óbvia repulsa aos artigos que prescreviam a repressão ao abolicionismo) e, na verdade, vinculava-se à certeza da sua aprovação: ao mesmo tempo que combatiam a proposta, os abolicionistas se interessavam pela sua passagem rápida, a fim de que se inaugurasse logo uma nova etapa política.

Simultaneamente, apontavam as manobras pelas quais o poder — para cuja conservação o Partido Liberal sacrificara Dantas — ia passando para os conservadores, no curso das negociações de Saraiva com Antônio Prado.

Completada a inversão partidária, criticam o recuo da Coroa, que chamava ao governo um político tradicionalmente comprometido com o escravismo (Cotegipe).

Dissolvida a Câmara e feita nova eleição, as "depurações" efetuadas pelos conservadores contra os seus aliados liberais da véspera, fornecem aos abolicionistas novos argumentos com os quais incitam o Partido Liberal a rever a posição que havia conduzido ao repúdio a Dantas, ao mesmo tempo que verberam a conduta da Coroa (1886).

Comparando o tratamento eleitoral conferido a Dantas com o dispensado a Cotegipe, Nabuco dirá que, enquanto o último recebera todas as facilidades, a Dantas, o Imperador, sem atender à magnitude de sua causa, negara os presidentes de província de que necessitava, recusando-lhe mesmo condições para fazer voltar à Câmara os primeiros homens de seu partido. Assim, Ruy Barbosa não fora reeleito, porque sua candidatura por Goiás, sendo ele baiano, fora, de um ângulo meramente formalista, tachada como "ressurreição de candidatura oficial". Com esse comportamento, o Imperador teria pretendido desincompatibilizar-se com a sociedade agrária, através do sacrifício de Dantas, conjugado a uma aliança com os conservadores, já evidenciada na composição da Câmara de 1885: os conservadores não teriam conseguido, em 1884-85, uma minoria tão forte, se o país não tivesse sido levado a acreditar que eles iam subir.

O interesse político abolicionista, nessa fase, concentrar-se-á no exame da potencialidade de transformar-se o Partido Liberal, no ostracismo, em partido doutrinário inspirado pelo abolicionismo.

Analisando o Partido Liberal, Joaquim Nabuco distingue duas categorias principais entre os seus membros. Na primeira, estariam os ministeriais ou governistas, e os amigos e dependentes dos senadores. Dirigido por essa categoria, o Partido Liberal tinha-se transformado num segundo Partido Conservador — um e outro, partidos pessoais estruturados em torno dos seus "cinco ou seis homens" que haviam passado "pelas diferentes provas precisas para merecerem a mais alta confiança do Imperador". O segundo grupo, "o mais fraco de todos nas posições, mas de todos o mais forte na opinião e no país", seria constituído daqueles que aderiam a "princípios e não a indivíduos" e eram leais ao povo e às idéias, e não aos "interesses limitados de um partido, de um grupo, de um chefe". Este representava o núcleo portador do verdadeiro espírito liberal, que havia conduzido o partido à luta abolicionista com Dantas e agora deveria transformá-lo em forte partido oposicionista.

A conversão do Partido Liberal e, logo em seguida, o pronunciamento da ala do Partido Conservador liderada por Antônio Prado e João Alfredo, configuram um grande triunfo político para o movimento abolicionista (1887).

Promulgada a lei de 13 de maio de 1888, os abolicionistas apelam para os liberais a fim de que continuem sustentando o gabinete conservador, evitando uma eleição que, dadas as circunstâncias, poderia favorecer a reação escravocrata. No mesmo sentido, os abolicionistas deviam, segundo Nabuco, sustentar a Coroa contra a propaganda republicana intensificada, uma vez que o ataque ao Trono, imediatamente após o seu concurso à abolição, quando a Princesa se investira "precisamente da ditadura popular", passava a atingir o movimento abolicionista.

Ao propor essa última diretriz, Joaquim Nabuco já se defrontava, porém, com um movimento esfacelado, com seus membros dispersos. O próprio significado de sua proposição não será mais entendido.

Ante o rumo dos acontecimentos que destruíam o movimento abolicionista no dia seguinte ao do seu triunfo, Nabuco percebe dolorosamente o encerramento do ciclo revolucionário que fecundara sua reflexão.

Perplexo, procura "refazer seu cérebro" privilegiado, agarrando-se, com afinco, a novas e várias atividades no campo intelectual.

Contudo, sua grande contribuição já se perfizera e nem sequer se esgotara — o que não seria pouco — na práxis do próprio movimento abolicionista. Com efeito, depois de muitas décadas de hibernação, sua teoria da sociedade brasileira e a análise, com vistas à ação, de um processo político concreto *in flux* foram redescobertas, surpreendendo pela atualidade e correção metodológica.

Nota complementar

Na comemoração do centenário de nascimento de Joaquim Nabuco, em 1949, o Instituto Progresso Editorial S. A. (Ipê) de São Paulo publicou a coleção de suas obras completas, em 14 volumes:

Minha formação	I
Balmaceda	II
A intervenção estrangeira durante a revolta de 1893	II
Um estadista do Império	III-VI
O abolicionismo	VII
Conferências e discursos abolicionistas	VII
O direito do Brasil	VIII
Escritos e discursos literários	IX
Pensamentos soltos	X
Camões / Assuntos americanos (Três conferências em universidades americanas)	X
Discursos parlamentares	XI
Campanhas de imprensa: 1884-1887	XII
Cartas a amigos. Coligidas e anotadas por Carolina Nabuco	XIII-XIV

Na verdade, a coleção não contém *toda* a vasta bibliografia de Nabuco. Para citar um exemplo, omitiu o escrito de juventude *Camões e Os Lusíadas* (Rio de Janeiro, Instituto Artístico, 1872. 286 p.), limitando-se a incluir nos volumes IX e X conferências proferidas sobre a matéria.

Por outro lado, há um caso em que o caráter incompleto da apresentação é fruto de um consciencioso trabalho de pesquisa e seleção. Referimo-nos ao volume *Campanhas de imprensa*, n.º 12 da coleção. Consta de três partes, que reúnem: a primeira, os artigos publicados na seção "A Pedidos" do *Jornal do Comércio*, em 1884, assinados como Garrison; a segunda, artigos publicados em *O País*, em 1886-87; a terceira é constituída dos opúsculos publicados em 1886 sob o título *Propaganda Liberal — O erro do Imperador, o eclipse do abolicionismo*, e *Eleições liberais e eleições conservadoras*. Como observa A. J. L. (Américo Jacobina Lacombe) na Advertência que abre o volume, a série completa dos artigos publicados em *O País* (1886-88) se estenderia por vários tomos e, por isso, o organizador optou por reproduzir a compilação feita pelo próprio Nabuco, "presumidamente indicativa de sua preferência", adotando sem dúvida um critério perfeitamente correto para selecionar o mais essencial e representativo.

De qualquer forma, é nessa coleção publicada faz já 30 anos, que estão reunidas ao menos as obras *quase* completas de Joaquim Nabuco, o que torna os promotores de tal atividade pioneira merecedores de todo o louvor.

A matéria apresentada na coletânea que organizamos foi dividida em duas partes:

I. Elaboração de uma teoria da sociedade brasileira
II. Estudos e depoimentos históricos

Na primeira parte estabelecemos três subdivisões:

1. Explicitação da perspectiva adotada
2. Construção analítica da realidade social
3. Proposta de diretrizes para a ação

Cada um desses tópicos é detalhado em itens diversos, por assunto, conforme se pode acompanhar pelo sumário.

Para fundamentar os tópicos 1 e 2, extraímos passagens do livro *O abolicionismo*. Para o tópico 3 utilizamos as conferências e discursos pronunciados por ocasião da subida do Gabinete Dantas e durante a campanha eleitoral de 1884-85 (reunidas em *Conferências e discursos abolicionistas*); bem como os artigos de imprensa do período 1884-87, e os opúsculos de 1886 (reunidos em *Campanhas de imprensa*).

Na coleção das *Obras Completas* (Ipê), o volume VII engloba *O abolicionismo* e *Conferências e discursos abolicionistas*. Por isso, apesar de haver uma edição recente de *O abolicionismo*, optamos por citar aquela para ambas as obras. *Campanhas de imprensa,* como vimos, constitui o volume XII da mesma coleção. Temos, pois, como bibliografia para a parte I da coletânea:

ARAÚJO, Joaquim Aurélio Barreto Nabuco de. *O abolicionismo.* São Paulo, Ipê, 1949 (Obras Completas de Joaquim Nabuco, v. 7).

— . *Conferências e discursos abolicionistas.* São Paulo, Ipê, 1949. (Obras Completas de Joaquim Nabuco, v. 7).

— . *Campanhas de imprensa.* São Paulo, Ipê, 1949 (Obras Completas de Joaquim Nabuco, v. 12).

Na segunda parte estabelecemos duas subdivisões:

4. Império
5. República

Para ilustrar o tópico 4, extraímos textos de *Um estadista do Império.* Para o tópico 5 utilizamos o livro *A intervenção estrangeira durante a revolta de 1893.*

Dispondo, em nossa biblioteca particular, dessas obras em outras edições, abrimos mão de uma padronização, aliás perfeitamente dispensável, a fim de não imobilizar, com nossa pesquisa, os raros exemplares da edição Ipê existentes em pouquíssimas bibliotecas de São Paulo.

Temos, portanto, como bibliografia para a parte II:

ARAÚJO, Joaquim Aurélio Barreto Nabuco de. *Um estadista do Império*: Nabuco de Araújo, sua vida, suas opiniões, sua época. Rio de Janeiro, Garnier, [1899]. v. 3 (1866-1878).

— . *A intervenção estrangeira durante a revolta de 1893.* São Paulo, Ed. Nacional; Rio de Janeiro, Ed. Civilização Brasileira, 1939. 172p.

Na organização da presente coletânea, escolhemos sempre passagens que nos possibilitassem apresentar apenas o corpo do texto de Nabuco, omitindo notas, de modo a tornar mais fácil e nem por isso menos proveitosa a comunicação. Quanto à ortografia, procuramos sempre atualizá-la.

Ao pé de cada texto o leitor encontrará uma indicação bibliográfica sucinta. Nos casos em que consta apenas *Obras Completas*, trata-se da edição Ipê. Nos demais, a editora é indicada.

Quanto ao extenso acervo de obras sobre Joaquim Nabuco, a biografia escrita por sua filha Carolina Nabuco merece sem dúvida destaque especial [5]. Passamos a relacionar algumas edições dessa obra:

ARAÚJO, Maria Carolina Nabuco de. *A vida de Joaquim Nabuco*. São Paulo, Ed. Nacional, 1928. 526p.

——. *A vida de Joaquim Nabuco*. 2. ed. São Paulo, Ed. Nacional, 1929. 499p.

——. *A vida de Joaquim Nabuco*. 3. ed. Rio de Janeiro, Americ-Edit., s.d. 2v. (Coleção Joaquim Nabuco).

——. *A vida de Joaquim Nabuco*. 4. ed. rev. Rio de Janeiro, J. Olympio, 1958. 478p. (Coleção Documentos Brasileiros, v. 92).

Apresentaremos, a seguir, um levantamento das diversas edições (provavelmente incompleto) das obras de Nabuco utilizadas para a elaboração da coletânea, ou de qualquer forma citadas na Introdução [6]:

ARAÚJO, Joaquim Aurélio Barreto Nabuco de. *O abolicionismo*. Londres, Typographia de Abraham Kingdon, 1883. 256p.

——. *O abolicionismo*. São Paulo, Ed. Nacional; Rio de Janeiro, Ed. Civilização Brasileira, 1938. 248p.

——. *O abolicionismo*. São Paulo, Ipê, 1949 (Obras Completas de Joaquim Nabuco, v. 7).

——. *O abolicionismo*. Introdução de Gilberto Freyre. 4. ed. Petrópolis, Vozes; Brasília, INL, 1977. 204p. (Dimensões do Brasil, 4).

——. *Conferência do Sr. Joaquim Nabuco a 22 de junho de 1884 no Theatro Polytheama*. Rio de Janeiro, Typ. de G. Leuzinger & Filhos, 1884. 50p.

——. *Campanha abolicionista no Recife* (eleições de 1884): discursos de Joaquim Nabuco; propriedade da Commissão Central Emanci-

---

[5] Mais recentemente, foi publicada por VIANA FILHO, Luís. *A vida de Joaquim Nabuco*. 2. ed. São Paulo, Martins, 1973. 421p. Sobre um aspecto específico da atuação de Nabuco, v. ANDRADE, Olímpio de Sousa. *Joaquim Nabuco e o Brasil na América* 2. ed. rev. São Paulo, Ed. Nacional; Brasília, INL, 1978 (Brasiliana). De nossa parte, procuramos contribuir para a sistematização de uma "leitura atual" do Nabuco abolicionista. V. BEIGUELMAN, Paula. Joaquim Nabuco, tribuno e jornalista. In: ——. *Pequenos estudos de ciência política*. 2. ed. ampl. São Paulo, Pioneira, 1973; ——. A reflexão sobre a problemática fundamental brasileira. In: ——. *Formação política do Brasil*. 2. ed. rev. São Paulo, Pioneira, 1976. p.174-210.
[6] Na execução dessa tarefa contamos com a colaboração técnica da bibliotecária Maria Regina Duarte Nunes.

padora. Rio de Janeiro, Typ. de G. Leuzinger & Filhos, 1885. 203p.

——. *Conferências e discursos abolicionistas*. São Paulo, Ipê, 1949 (Obras Completas de Joaquim Nabuco, v.7)

——. *O erro do Imperador*. Rio de Janeiro, Typ. de G. Leuzinger & Filhos, 1886. 26p. (Propaganda Liberal — Série para o Povo, v.1).

——. *Eleições liberais e eleições conservadoras*. Rio de Janeiro, Leuzinger, 1886 (Propaganda Liberal — Série para o Povo, v.3).

——. *Campanhas de imprensa*: 1884-1887. São Paulo, Ipê, 1949. 269p. (Obras Completas de Joaquim Nabuco, v.12).

——. *Discursos parlamentares*: 1879-1889. São Paulo, Ipê, 1949. 378p. (Obras Completas de Joaquim Nabuco, v.11).

—— *Discursos parlamentares*. Publicação comemorativa do 1.º centenário do nascimento do antigo deputado por Pernambuco; seleção e prefácio do deputado Gilberto Freyre. Rio de Janeiro, Imprensa Nacional, 1950. 534p.

——. *Cartas a amigos*. Coligidas e anotadas por Carolina Nabuco. São Paulo, Ipê, 1949. 2v. (Obras Completas de Joaquim Nabuco, v.13-14).

——. *A intervenção estrangeira durante a revolta*: a intimação das potências, o controle naval na bahia do Rio, a acção do almirante Benham, o asylo a bordo das corvetas portuguezas. Rio de Janeiro, Typ. Leuzinger, 1896. 143p.

——. *A intervenção estrangeira durante a revolta*. Rio de Janeiro, Freitas Bastos, 1932. 207p.

——. *A intervenção estrangeira durante a revolta de 1893*. São Paulo, Ed. Nacional; Rio de Janeiro, Ed. Civilização Brasileira, 1939. 172p.

——. *A intervenção estrangeira durante a revolta de 1893*. São Paulo, Ipê, 1949 (Obras Completas de Joaquim Nabuco, v.2).

——. *Um estadista do Império*: Nabuco de Araújo, sua vida, suas opiniões, sua época. Rio de Janeiro, Paris, H. Garnier, livreiro-editor, 1897-99. 3v.

——. *Um estadista do Império*. São Paulo, Ed. Nacional, [193...], 2v.

——. *Um estadista do Império*: Nabuco de Araújo. São Paulo, Ipê, 1949. 4v. (Obras Completas de Joaquim Nabuco, v.3-6).

——. *Minha formação*. Rio de Janeiro, Paris, H. Garnier, 1900. 311p.

——. *Minha formação*. São Paulo, Ed. Nacional, 1934. 263p.

——. *Minha formação*. São Paulo, Ipê, 1949 (Obras Completas de Joaquim Nabuco, v.1).

——. *Minha formação*. Rio de Janeiro, J. Olympio, 1957. 258p. (Documentos Brasileiros, v.90).

——. *Minha formação*. Introdução de Gilberto Freyre. Brasília, Editora da Universidade, 1963. 260p. (Biblioteca Básica Brasileira, v.8).

——. *Minha formação*. Prefácio de Carolina Nabuco. Rio de Janeiro, Jackson, [1964]. 322p. (Clássicos Jackson, v.20).

——. *Minha formação*. 9. ed. Rio de Janeiro, J. Olympio; Brasília, INL, 1976. 173p. (Documentos Brasileiros, v.90).

——. *O direito do Brazil*: fronteiras do Brazil e da Guyana Ingleza. Paris, Lahure, 1903.

——. *Frontières du Brésil et de la Guyane Anglaise*: question soumise à l'arbitrage de S. M. Le Roi d'Italie. Paris, Lahure, [1904]. 4v. (Troisième Mémoire, v.1-4).

——. *O direito do Brasil*. São Paulo, Ed. Nacional, 1941. 295p.

——. *O direito do Brasil*. São Paulo, Ipê, 1949. 285p. (Obras Completas de Joaquim Nabuco, v.8).

Catálogos bibliográficos

BRASIL. Ministério das Relações Exteriores. Serviço de Documentação. *Bibliografia de Joaquim Nabuco*. Rio de Janeiro, Imprensa Nacional, 1949. 93p.

BRAGA, Osvaldo Melo. *Bibliografia de Joaquim Nabuco*. Rio de Janeiro, Imprensa Nacional, 1952, 265p. (Instituto Nacional do Livro — Coleção B1 — Bibliografia, v.8).

TEXTOS DE
J. NABUCO

Seleção e Organização: Paula Beiguelman

I. ELABORAÇÃO DE UMA TEORIA DA SOCIEDADE BRASILEIRA

1. EXPLICITAÇÃO DA PERSPECTIVA ADOTADA

Abolicionismo e escravismo

Não há muito que se fala no Brasil em Abolicionismo e Partido Abolicionista. A idéia de suprimir a escravidão, libertando os escravos existentes, sucedeu à idéia de suprimir a escravidão, entregando-lhe o milhão e meio de homens de que ela se achava de posse em 1871 e deixando-a acabar com eles. Foi na legislatura de 1879-80 que, pela primeira vez, se viu dentro e fora do Parlamento um grupo de homens fazer da *emancipação dos escravos,* não da limitação do cativeiro às gerações atuais, a sua bandeira política, a condição preliminar da sua adesão a qualquer dos partidos.

A história das oposições que a Escravidão encontrara até então pode ser resumida em poucas palavras. No período anterior à Independência e nos primeiros anos subseqüentes, houve, na geração trabalhada pelas idéias liberais do começo do século, um certo desassossego de consciência pela necessidade em que ela se viu de realizar a emancipação nacional, deixando grande parte da população em cativeiro pessoal. Os acontecimentos políticos, porém, absorviam a atenção do povo, e, com a revolução de 7 de abril de 1831, começou um período de excitação que durou até a Maioridade. Foi somente no Segundo Reinado que o progresso dos costumes públicos tornou possível a primeira resistência séria à Escravidão. Antes de 1840 o Brasil é presa do tráfico de africanos; o estado do país é fielmente representado pela pintura do mercado de escravos no Valongo.

A primeira oposição nacional à Escravidão foi promovida tão-somente contra o Tráfico. Pretendia-se suprimir a escravidão lentamente, proibindo a importação de novos escravos. À vista da espantosa mortalidade dessa classe, dizia-se que a escravatura, uma vez extinto o viveiro inesgotável da África, iria sendo progressivamente diminuída pela morte, apesar dos nascimentos.

Acabada a importação de africanos pela energia e decisão de Eusébio de Queirós, e pela vontade tenaz do Imperador — o qual chegou a dizer em despacho que preferia perder a coroa a consentir na continuação do Tráfico —, seguiu-se à deportação dos traficantes e à lei de 4 de setembro de 1850 uma calmaria profunda. Esse período de cansaço, ou de satisfação pela obra realizada, — em todo o caso de indiferença absoluta pela sorte da população escrava — durou até depois da Guerra do Paraguai, quando a Escravidão teve que dar e perder outra batalha. Essa segunda oposição que a Escravidão sofreu, como também a primeira, não foi um ataque ao acampamento do inimigo para tirar-lhe os prisioneiros, mas uma limitação apenas do território sujeito às suas correrias e depredações.

Com efeito, no fim de uma crise política permanente, que durou de 1866 até 1871, foi promulgada a lei de 28 de setembro, a qual respeitou o princípio da inviolabilidade do domínio do senhor sobre o escravo, e não ousou penetrar, como se fora um local sagrado, interdito ao próprio Estado, nos *ergástulos* agrários; e de novo, a esse esforço, de um organismo debilitado para minorar a medo as conseqüências da gangrena que o invadia, sucedeu outra calmaria da opinião, outra época de indiferença pela sorte do escravo, durante a qual o governo pôde mesmo esquecer-se de cumprir a lei que havia feito passar.

Foi somente oito anos depois, que essa apatia começou a ser modificada e se levantou uma terceira oposição à Escravidão; desta vez, não contra os seus interesses de expansão, como era o Tráfico, ou as suas esperanças, como a fecundidade da mulher escrava, mas diretamente contra as suas posses, contra a legalidade e a legitimidade dos seus *direitos,* contra o escândalo da sua existência em um país civilizado e a sua perspectiva de embrutecer o *ingênuo* na mesma senzala onde embrutecera o escravo.

Em 1850, queria-se suprimir a escravidão, acabando com o Tráfico; em 1871, libertando desde o berço, mas de fato depois dos vinte e um anos de idade os filhos de escrava ainda por nascer. Hoje quer-se suprimi-la, emancipando os escravos em massa e resgatando os *ingênuos* da servidão da lei de 28 de setembro. É esse último movimento que se chama Abolicionismo e só este resolve o verdadeiro problema dos escravos, que é a sua própria liberdade. A opinião, em 1845, julgava legítima e honesta a compra de africanos, transportados traiçoeiramente da África, e introduzidos por contrabando no Brasil. A opinião, em 1875, condenava as transações dos traficantes, mas julgava legítima e honesta a matrícula depois de trinta anos de cativeiro ilegal das vítimas do Tráfico. O Abolicionismo é a opinião que deve substituir, por sua vez, esta última, e para a qual todas as transações de domínio sobre entes humanos são crimes que só diferem no grau de crueldade.

O Abolicionismo, porém, não é só isso e não se contenta com ser o advogado *ex officio* da porção da raça negra ainda escravizada; não reduz a sua missão a promover e conseguir — no mais breve prazo possível — o resgate dos escravos e dos *ingênuos*. Essa obra — de reparação, vergonha ou arrependimento, como a queiram chamar — da emancipação dos atuais escravos e seus filhos é apenas a tarefa imediata do Abolicionismo. (...)

O Abolicionismo é, assim, uma concepção nova em nossa história política, e dele, muito provavelmente, como adiante se verá, há de resultar a desagregação dos atuais partidos. (...)

Assim como a palavra *Abolicionismo,* a palavra *Escravidão* é tomada neste livro em sentido lato. Esta não significa somente a relação do escravo para com o senhor; significa muito mais: a soma do poderio, influência, capital, e clientela dos senhores todos; o feudalismo estabelecido no interior; a dependência em que o comércio, a religião, a pobreza, a indústria, o Parlamento, a Coroa, o Estado enfim, se acham perante o poder agregado da minoria aristocrática, em cujas senzalas centenas de milhares de entes humanos vivem embrutecidos e moralmente mutilados pelo próprio regime a que estão sujeitos; e por último, o espírito, o princípio vital que anima a instituição toda, sobretudo no momento em que ela entra a recear pela posse imemorial em que se acha investida, espírito que há sido em toda a história dos países de escravos a causa do seu atraso e da sua ruína.

A luta entre o Abolicionismo e a Escravidão é de ontem, mas há de prolongar-se muito, e o período em que já entramos há de ser caracterizado por essa luta. Não vale à Escravidão a pobreza dos seus adversários, nem a própria riqueza; não lhe vale o imenso poderio que os abolicionistas conhecem melhor talvez do que ela: o desenlace não é duvidoso. Essas contendas não se decidem nem por dinheiro, nem por prestígio social, nem — por mais numerosa que esta seja — por uma clientela mercenária. "O Brasil seria o último dos países do mundo, se, tendo a escravidão, não tivesse um partido abolicionista; seria a prova de que a consciência moral ainda não havia despontado nele." O Brasil seria o mais desgraçado dos países do mundo, devemos acrescentar, hoje que essa consciência despontou, se, tendo um partido abolicionista, esse partido não triunfasse: seria a prova de que a Escravidão havia completado a sua obra e selado o destino nacional com o sangue dos milhões de vítimas que fez dentro do nosso território *.

O abolicionismo face aos partidos oficiais

O sentido em que geralmente é empregada a expressão *Partido Abolicionista* não corresponde ao que, de ordinário, se entende pela palavra *partido*. A esse respeito algumas explicações são necessárias.

Não há dúvida de que já existe um núcleo de pessoas identificadas com o movimento abolicionista, que sentem dificuldade em continuar filiadas nos partidos existentes, por causa das suas idéias. Sob a bandeira da abolição combatem hoje liberais, conservadores, republicanos, sem outro compromisso — e este tácito e por assim dizer de honra política — senão o de subordinarem a sujeição partidária a outra maior, à consciência humana. Assim como, na passada legislatura, diversos liberais julgaram dever votar pela idéia abolicionista de preferência a votar pelo seu partido, também nas seguintes encontrar-se-ão conservadores prontos a fazer outro tanto e republicanos que prefiram combater pela causa da liberdade pessoal dos escravos a combater pela forma de governo da sua aspiração.

A simples subordinação do interesse de qualquer dos atuais partidos ao interesse da emancipação, basta para mostrar que o partido abolicionista, quando surgir, há de satisfazer um ideal de pátria mais elevado, compreensivo e humano, do que o de qualquer dos outros partidos já formados, os quais são todos mais ou menos sustentados e bafe-

---

* Extraído de: Que é o abolicionismo? A obra do presente e a do futuro. In: *O abolicionismo.* p. 3-9 (Obras Completas, v. 7).

jados pela Escravidão. Não se pode todavia, por enquanto, chamar *partido* à corrente de opinião, ainda não encaminhada para o seu destino, a cuja expansão assistimos.

Entende-se por *partido* não uma opinião somente mas uma opinião organizada para chegar aos seus fins: o Abolicionismo é, por ora, uma agitação, e é cedo ainda para se dizer se será algum dia um partido. Nós o vemos desagregando fortemente os partidos existentes, e até certo ponto constituindo uma igreja à parte composta dos cismáticos de todas as outras. No Partido Liberal a corrente conseguiu, pelo menos, pôr a descoberto os alicerces mentirosos do liberalismo entre nós. Quanto ao Partido Conservador, devemos esperar a prova da passagem pelo poder que desmoralizou os seus adversários, para sabermos que ação o Abolicionismo exercerá sobre ele. Uma nova dissidência, com a mesma bandeira de 1871, valeria um exército para a nossa causa. Restam os republicanos.

O Abolicionismo afetou esse partido de um modo profundo, e a nenhum fez tanto bem. Foi a lei de 28 de setembro e a idéia, adrede espalhada entre os fazendeiros, de que o Imperador era o chefe do movimento contra a Escravidão, que de repente engrossou as fileiras republicanas com uma leva de voluntários saídos de onde menos se imaginava. (...)

Como era natural, por outro lado, o Abolicionismo, depois de muitas hesitações, impôs-se ao espírito de grande número de republicanos como uma obrigação maior, mais urgente, mais justa, e a todos os respeitos mais considerável, do que a de mudar a forma do governo com auxílio de proprietários de homens. Foi na forte democracia escravagista de São Paulo, que a contradição desses dois estados sociais se manifestou de modo mais evidente.

Supondo que a república seja a forma natural da democracia, ainda assim, o dever de elevar os escravos a homens precede a toda arquitetura democrática. O Abolicionismo num país de escravos é para o republicano de *razão* a república oportunista, a que pede o que pode conseguir e o que mais precisa, e não se esteriliza em querer antecipar uma ordem de coisas da qual o país pode tirar benefícios reais quando nele não houver mais *senhores*. Por outro lado, a teoria inventada para contornar a dificuldade sem a resolver, de que pertence à monarquia acabar com a escravidão, e que o Partido Republicano nada tem com isso, lançou, para muitos que se haviam alistado nas fileiras da república, um clarão sinistro sobre a aliança contraída em 1871.

É, com efeito, difícil hoje a um liberal ou conservador, convencido dos princípios cardeais do desenvolvimento social moderno e do direito inato — no estado de civilização — de cada homem à sua liberdade pessoal, e deve sê-lo muito mais para um republicano, fazer parte homogênea de organizações em cujo credo a mesma natureza humana pode servir para base da democracia e da escravidão, conferir a um indivíduo, ao mesmo tempo, o direito de tomar parte no governo do país e o de manter outros indivíduos — porque os comprou ou os herdou — em abjeta subserviência forçada, durante toda a vida. Conservadores constitucionais; liberais, que se indignam contra o governo pessoal; republicanos, que consideram degradante o governo monárquico da Inglaterra e da Bélgica; exercitando dentro das porteiras das suas fazendas, sobre centenas de entes rebaixados da dignidade de *pessoa*, poder maior que o de um chefe africano nos seus domínios, sem nenhuma lei escrita que o regule, nenhuma opinião que o fiscalize, discricionário, suspeitoso, irresponsável: que mais é preciso para qualificar, segundo uma frase conhecida, essa audácia com que os nossos partidos assumem os grandes nomes que usam — de *estelionato político*?

É por isso que o Abolicionismo desagrega dessas organizações os que as procuram por causa daqueles nomes históricos, segundo as suas convicções individuais. Todos os três partidos baseiam as suas aspirações políticas sobre um estado social cujo nivelamento não os afeta: o Abolicionismo, pelo contrário, começa pelo princípio, e, antes de discutir qual o melhor modo para um povo *livre* de governar-se a si mesmo — é essa a questão que divide os outros — trata de tornar livre a esse povo, aterrando o imenso abismo que separa as duas castas sociais em que ele se extrema.

Nesse sentido, o Abolicionismo devera ser a escola primária de todos os partidos, o alfabeto da nossa política, e não o é; por um curioso anacronismo, houve um partido republicano muito antes de existir uma opinião abolicionista, e daí a principal razão por que essa política é uma Babel na qual ninguém se entende. Qual será, porém, o resultado da desagregação inevitável? Irão os abolicionistas, separados, pela sinceridade das suas idéias, de partidos que têm apenas interesses e ambições pessoais como razão de ser, e os princípios somente por pretexto, agrupando-se lentamente num partido comum, a princípio unidos pela proscrição social que estão sofrendo, e depois pela esperança da vitória? Haverá um partido abolicionista organizado, com a intuição completa da sua missão no presente e no futuro, para presidir à transformação do Brasil escravo no Brasil livre, e liquidar a herança da Escravidão?

Assim aconteceu nos Estados Unidos, onde o atual Partido Republicano, ao surgir na cena política, teve que dominar a rebelião, emancipar quatro milhões de escravos, estabelecer definitivamente o novo regime da liberdade e da igualdade em Estados que queriam formar, nas praias do golfo do México, a maior potência escravocrata do mundo. É natural que isso aconteça no Brasil; mas é possível também que — em vez de fundir-se num só partido por causa de grandes divergências internas entre liberais, conservadores e republicanos — o Abolicionismo venha a trabalhar os três partidos de forma a cindi-los sempre que seja preciso — como o foi em 1871 para a passagem da lei Rio Branco — reunir os elementos progressistas de cada um numa cooperação desinteressada e transitória, numa aliança política limitada a certo fim; ou que venha mesmo a decompor, e reconstruir diversamente os partidos existentes, sem, todavia, formar um partido único e homogêneo.

O advento do Abolicionismo coincidiu com a eleição direta, e sobretudo com a aparição de uma força, a qual se está solidificando em torno da imprensa — cuja barateza e distribuição por todas as classes é um fator importante na história da democratização do país — força que é a opinião pública. Todos esses elementos devem ser tomados em consideração quando se quer saber como o Abolicionismo há de, por fim, constituir-se.

Neste livro, entretanto, a expressão *Partido Abolicionista* significará, tão-somente, o movimento abolicionista, a corrente de opinião que se está desenvolvendo do Norte ao Sul. É claro que há no grupo de pessoas que tem manifestado vontade de aderir àquele movimento, mais do que o embrião de um partido. Caso amanhã, por qualquer circunstância, se organizasse um gabinete abolicionista, se o que constitui um partido são pretendentes a posições ou honras políticas, aspirantes a lugares remunerados, clientes de ministros, caudatários do governo — aquele núcleo sólido teria uma cauda adventícia tão grande pelo menos como a dos partidos oficiais.

Basta considerar que, quanto mais se fracionam esses partidos no governo, mais lhes cresce o séquito. O poder é infelizmente entre nós — e esse é um dos efeitos mais incontestáveis do servilismo que a escravidão deixa após si — a região das gerações espontâneas. Qualquer ramo, por mais murcho e seco, deixado uma noite ao alento dessa atmosfera privilegiada, aparece na manhã seguinte coberto de folhas. Não há como negar o influxo desse *fiat*: é toda a nossa história. "O Poder é o Poder", foi uma frase que resumiu a sabedoria da experiência de todos os nossos homens públicos, e sobre a qual assentam todos os seus cálculos. Nenhuma opinião remotamente distante do governo pode ostentar o pessoal numeroso dos dois partidos que se alternam no exercício do patronado e na guarda do cofre das graças, distribuem empresas e favores, e por isso têm em torno de si, ou às suas ordens e sob seu mando — num país que a escravidão empobreceu e carcomeu —, todos os elementos dependentes e necessitados da população. Isso mesmo caracteriza a diferença entre o Abolicionismo e os dois partidos constitucionais: o poder destes é, praticamente, o poder da Escravidão toda, como instituição privada e como instituição política; o daquele é o poder tão-somente das forças que começam a rebelar-se contra semelhante monopólio — da terra, do capital e do trabalho — que faz da Escravidão um estado no Estado, cem vezes mais forte do que a própria nação *.

A noção de um mandato da raça negra

O mandato abolicionista é uma dupla delegação, inconsciente da parte dos que a fazem, mas, em ambos os casos, interpretada pelos que a aceitam como um mandato que se não pode renunciar. Nesse sentido, deve-se dizer que o abolicionista é o advogado gratuito de duas classes sociais que, de outra forma, não teriam meios de reivindicar os seus direitos, nem consciência deles. Essas classes são: os escravos e os *ingênuos*. Os motivos pelos quais essa procuração tácita impõe-nos uma obrigação irrenunciável não são puramente — para muitos não são mesmo principalmente — motivos de humanidade, compaixão e defesa generosa do fraco e do oprimido.

(. . .) No Brasil, o Abolicionismo é antes de tudo um movimento *político,* para o qual, sem dúvida, poderosamente concorre o interesse pelos escravos e a compaixão pela sua sorte, mas que nasce de um pensamento diverso: o de reconstruir o Brasil sobre o trabalho livre e a união das raças na liberdade.

---

* Extraído de: O Partido Abolicionista. In: *O abolicionismo.* p. 10-6 (Obras Completas, v. 7).

Nos outros países o Abolicionismo não tinha esse caráter de reforma política primordial, porque não se queria a raça negra para elemento permanente de população, nem como parte homogênea da sociedade. O negro, libertado, ficaria nas colônias, não seria nunca um fator eleitoral na própria Inglaterra, ou França. Nos Estados Unidos, os acontecimentos marcharam com tanta rapidez e desenharam-se por tal forma, que o Congresso se viu forçado a fazer dos antigos escravos do Sul, de um dia para o outro, cidadãos americanos, com os mesmos direitos que os demais; mas esse foi um dos resultados imprevistos da guerra. A abolição não tinha, até ao momento da Emenda constitucional, tão amplo sentido, e ninguém sonhara para o negro ao mesmo tempo a alforria e o voto.

No Brasil a questão não é, como nas colônias européias, um movimento de generosidade em favor de uma classe de homens vítimas de uma opressão injusta a grande distância das nossas praias. A raça negra não é, tão pouco, para nós, uma raça inferior, alheia à comunhão ou isolada desta, e cujo bem-estar nos afete como o de qualquer tribo indígena maltratada pelos invasores europeus. Para nós, a raça negra é um elemento de considerável importância nacional, estreitamente ligada por infinitas relações orgânicas à nossa Constituição, parte integrante do povo brasileiro. Por outro lado, a emancipação não significa tão-somente o termo da injustiça de que o escravo é mártir, mas também a eliminação simultânea dos dois tipos contrários, e no fundo os mesmos: o escravo e o *senhor*.

É esse ponto de vista, da importância fundamental da emancipação, que nos faz sub-rogar-nos nos direitos de que os escravos e os seus filhos — chamados *ingênuos* por uma aplicação restrita da palavra, a qual mostra bem o valor das ficções que contrastam com a realidade — não podem ter consciência, ou, tendo-a, não podem reclamar, pela morte civil a que estão sujeitos. Aceitamos esse mandato como homens políticos, por motivos políticos, e assim representamos os escravos e os *ingênuos* na qualidade de brasileiros que julgam o seu título de cidadão diminuído enquanto houver brasileiros escravos, isto é, no interesse de todo o país e no nosso próprio interesse.

(...) Em primeiro lugar, a parte da população nacional que descende de escravos é, pelo menos, tão numerosa como a parte que descende exclusivamente de senhores; a raça negra nos deu um povo. Em segundo lugar, o que existe até hoje sobre o vasto território que se chama Brasil foi levantado ou cultivado por aquela raça; ela construiu o nosso país. Há trezentos anos que o africano tem sido o principal instrumento da ocupação e da manutenção do nosso território pelo europeu, e que os seus descendentes se misturam com o nosso povo. Onde ele não chegou ainda, o país apresenta o aspecto com que surpreendeu aos seus primeiros descobridores. Tudo o que significa luta do homem com a natureza, conquista do solo para habitação e cultura, estradas e edifícios, canaviais e cafezais, a casa do senhor e a senzala dos escravos, igrejas e escolas, alfândegas e correios, telégrafos e caminhos de ferro, academias e hospitais, tudo, absolutamente tudo, que existe no país, como resultado do trabalho manual, como emprego de capital, como acumulação de riqueza, não passa de uma doação gratuita da raça que trabalha à que faz trabalhar.

Por esses sacrifícios sem número, por esses sofrimentos, cuja terrível concatenação com o progresso lento do país faz da história do Brasil um dos mais tristes episódios do povoamento da América, a raça negra fundou, para outros, uma pátria que ela pode, com muito mais direito, chamar sua *.

Síntese histórica da implantação do escravismo: efeitos psico-sócio-culturais

Admitindo-se, sem a escravidão, que o número dos africanos fosse o mesmo, e maior se se quiser, os cruzamentos teriam sempre ocorrido; mas a família teria aparecido desde o começo. Não seria o cruzamento pelo concubinato, pela promiscuidade das senzalas, pelo abuso da força do senhor; o filho não nasceria debaixo do açoite, não seria levado para a roça ligado às costas da mãe, obrigada à tarefa da enxada; o leite desta não seria utilizado, como o de cabra, para alimentar outras crianças, ficando para o próprio filho as últimas gotas que ela pudesse forçar do seio cansado e seco; as mulheres não fariam o trabalho dos homens, não iriam para o serviço do campo ao sol ardente do meio-dia, e poderiam, durante a gravidez, atender ao seu estado. Não é do cruzamento que se trata; mas sim da reprodução no cativeiro, em que o interesse verdadeiro da mãe era que o filho não vingasse. Calcule-se o que a exploração dessa bárbara indústria — expressa em 1871 nas seguintes palavras dos fazendeiros do Piraí "a parte mais produtiva da

---

* Extraído de: O mandato da raça negra. In: *O abolicionismo.* p. 17-21 (Obras Completas, v. 7).

propriedade escrava é o ventre gerador" — deva ter sido durante três séculos sobre milhões de mulheres. Tome-se a família branca como ser moral, em três gerações, e veja-se qual foi o rendimento para essa família de uma só escrava comprada pelo seu fundador.

A história da escravidão africana na América é um abismo de degradação e miséria que se não pode sondar, e, infelizmente, essa é a história do crescimento do Brasil. No ponto a que chegamos, olhando para o passado, nós, brasileiros, descendentes ou da raça que escreveu essa triste página da humanidade ou da raça com cujo sangue ela foi escrita, ou da fusão de uma e outra, não devemos perder tempo a envergonhar-nos desse longo passado que não podemos lavar. (...) Devemos fazer convergir todos os nossos esforços para o fim de eliminar a escravidão do nosso organismo. (...)

(...) Não pode, para concluir, ser objeto de dúvida que a escravidão transportou da África para o Brasil mais de dois milhões de africanos; que, pelo interesse do senhor na produção do ventre escravo, ela favoreceu quanto pôde a fecundidade das mulheres negras: que os descendentes dessa população formam pelo menos dois terços do nosso povo atual; que durante três séculos a Escravidão, operando sobre milhões de indivíduos, em grande parte desse período sobre a maioria da população nacional, impediu o aparecimento regular da família nas camadas fundamentais do país; reduziu a procriação humana a um interesse venal dos senhores; manteve toda aquela massa pensante em estado puramente animal; não a alimentou, não a vestiu suficientemente; roubou-lhe as suas economias, e nunca lhe pagou os seus salários; deixou-a cobrir-se de doenças e morrer ao abandono; tornou impossíveis para ela hábitos de previdência, de trabalho voluntário, de responsabilidade própria, de dignidade pessoal; fez dela o jogo de todas as paixões baixas, de todos os caprichos sensuais, de todas as vinditas cruéis de uma outra raça.

É quase impossível acompanhar a ação de tal processo nessa imensa escalada — inúmeras vezes realizado por descendentes de escravos — em todas as direções morais e intelectuais em que ele operou e opera; nem há fator social que exerça a mesma extensa e profunda ação psicológica que a escravidão quando faz parte integrante da família. Pode-se descrever essa influência, dizendo que a escravidão cercou todo o espaço ocupado do Amazonas ao Rio Grande do Sul de um ambiente fatal a todas as qualidades viris e nobres, humanitárias e progressivas, da nossa espécie; criou um ideal de pátria grosseiro, mercenário, egoísta e retrógrado, e nesse molde fundiu durante séculos as três raças heterogêneas que hoje constituem a nacionalidade brasileira. Em outras palavras ela tornou, na frase do direito medievo, em nosso território o próprio ar — *servil*, como o ar das aldeias da Alemanha que nenhum homem livre podia habitar sem perder a liberdade. *Die Luft leibeigen war* [o ar era servil], é uma frase que, aplicada ao Brasil todo, melhor que outra qualquer, sintetiza a obra *nacional* da Escravidão: ela criou uma atmosfera que nos envolve e abafa todos, e isso no mais rico e admirável dos domínios da terra *.

Retrospecto do combate político ao escravismo: a extinção do tráfico

O *Bill Aberdeen*, pode-se dizer, foi uma afronta ao encontro da qual a escravidão forçou o governo brasileiro a ir. A luta estava travada entre a Inglaterra e o Tráfico, e não podia, nem devia acabar, por honra da humanidade, recuando ela. Foi isso que os nossos estadistas não pensaram. A cerração que os cercava não lhes permitia ver que em 1845 o sol do nosso século já estava alto demais para alumiar ainda tal pirataria neste hemisfério.

Só por um motivo, essa lei Aberdeen não foi um título de honra para a Inglaterra. Como se disse, por diversas vezes, no Parlamento inglês, a Inglaterra fez com uma nação fraca o que não faria contra uma nação forte. Uma das últimas carregações de escravos para o Brasil, a dos africanos chamados do Bracuí, internados em 1852 no Bananal de São Paulo, foi levada à sombra da bandeira dos Estados Unidos. Quando os cruzadores ingleses encontravam um navio negreiro que içava o pavilhão das estrelas deixavam-no passar. A atitude do Parlamento inglês votando a lei que deu jurisdição aos seus tribunais sobre navios e súditos brasileiros, empregados no Tráfico, apreendidos ainda mesmo em águas territoriais do Brasil, teria sido altamente gloriosa para ele se essa lei fizesse parte de um sistema de medidas iguais contra *todas* as bandeiras usurpadas pelos agentes daquela pirataria.

Mas, qualquer que fosse a fraqueza da Inglaterra em não proceder contra os fortes como procedia contra os fracos, o brasileiro, que lê a nossa história diplomática durante o período militante do Tráfico, o

---

* Extraído de: Influência da escravidão sobre a nacionalidade. In: *O abolicionismo*. p. 123-7 (Obras Completas, v. 7).

que sente é ver o poderio que a soma de interesses englobada nesse nome exercia sobre o país.

Esse poderio era tal que Eusébio de Queirós, ainda em 1849, num *memorandum* que redigiu, para ser presente ao ministério sobre a questão, começava assim:

"Para reprimir o tráfico de africanos no país *sem excitar uma revolução* faz-se necessário: 1.º atacar com vigor as novas introduções, esquecendo e anistiando as anteriores à lei; 2.º dirigir a repressão contra o tráfico no mar, ou no momento do desembarque, enquanto os africanos estão em mãos dos introdutores".

O mesmo estadista, no seu célebre discurso de 1852, procurando mostrar como o Tráfico somente acabou pelo interesse dos agricultores, cujas propriedades estavam passando para as mãos dos especuladores e dos traficantes, por causa das dívidas contraídas pelo fornecimento de escravos, confessou a pressão exercida, de 1831 a 1850, pela agricultura consorciada com aquele comércio, sobre todos os governos e todos os partidos:

"Sejamos francos [disse ele]: o tráfico, no Brasil, prendia-se a interesses, ou para melhor dizer, a presumidos interesses dos nossos agricultores; e num país em que a agricultura tem tamanha força, era natural que a opinião pública se manifestasse em favor do tráfico; a opinião pública que tamanha influência tem, não só nos governos representativos, como até nas próprias monarquias absolutas. O que há pois para admirar em que os nossos homens políticos se curvassem a essa lei da necessidade? O que há para admirar em que nós todos, amigos ou inimigos do tráfico, nos curvássemos a essa necessidade? Senhores, se isso fosse crime seria um crime geral no Brasil; mas eu sustento que, quando em uma nação todos os partidos políticos ocupam o poder, quando todos os homens políticos têm sido chamados a exercê-lo, e todos eles são concordes em uma conduta, é preciso que essa conduta seja apoiada em razões muito fortes; impossível que ela seja um crime e haveria temeridade em chamá-la um erro".

Trocada a palavra *Tráfico* pela palavra *Escravidão*, esse trecho de eloqüência, calorosamente aplaudido pela Câmara, poderá servir de apologia no futuro aos estadistas de hoje que quiserem justificar a nossa época. A verdade, porém, é que houve sempre diferença entre os inimigos declarados do Tráfico e os seus protetores. Feita essa reserva, a favor de um ou outro homem público que *nenhuma cumplicidade* teve nele, e outra quanto à moralidade da doutrina, de que se não pode chamar *crime* nem *erro* à violação da lei moral, quando é uma nação inteira que a comete, as palavras justificativas do grande ministro da Justiça de 1850 não exageram a degradação a que chegou a nossa política até uma época ainda recente. (...) Nessa questão do Tráfico bebemos as fezes todas do cálice.

(...) A pretexto da dignidade nacional ofendida, o nosso governo, que se achava na posição coata em que o descreveu Eusébio, cobria praticamente com a sua bandeira e a sua soberania as expedições dos traficantes organizadas no Rio e na Bahia. Se o que se fez em 1850 houvesse sido feito em 1844, não teria por certo havido *Bill Aberdeen*.

A questão nunca devera ter sido colocada entre o Brasil e a Inglaterra, mas entre o Brasil, com a Inglaterra, de um lado, e o Tráfico do outro. Se jamais a história deixou de registrar uma aliança digna e honesta, foi essa, a que não fizemos com aquela nação. O princípio: que o navio negreiro não tem direito à proteção do pavilhão, seria muito mais honroso para nós do que todos os argumentos tirados do Direito internacional para consumar definitivamente o cativeiro perpétuo de estrangeiros trazidos à força em nosso país.

O poder, porém, do Tráfico era irresistível e até 1851 não menos de um milhão de africanos foram lançados em nossas senzalas. A cifra de cinqüenta mil por ano não é exagerada.

Mais tarde, teremos que considerar a soma que o Brasil empregou desse modo. Esse milhão de africanos não lhe custou menos de quatrocentos mil contos. Desses quatrocentos mil contos que sorveram as economias da lavoura durante vinte anos, cento e trinta e cinco mil contos representam a despesa total dos negreiros, e duzentos e sessenta mil os seus lucros.

Esse imenso prejuízo nacional não foi visto durante anos pelos nossos estadistas, os quais supunham que o Tráfico enriquecia o país. Grande parte, seguramente, desse capital voltou para a lavoura quando as fazendas caíram em mãos dos negociantes de escravos que tinham hipotecas sobre elas por esse fornecimento, e assim se tornaram senhores *perpétuos* do seu próprio contrabando. Foi Eusébio quem o disse no seguinte trecho do seu discurso de 16 de julho de 1852, a que já me referi:

"A isto [o desequilíbrio entre as duas classes de livres e escravos produzido 'pela progressão ascendente do tráfico' que nos anos de 1846,

1847 e 1848 havia triplicado] veio juntar-se o interesse dos nossos lavradores: a princípio, acreditando que na compra do maior número de escravos consistia o aumento de seus lucros, os nossos agricultores sem advertirem no gravíssimo perigo que ameaçava o país, só tratavam da aquisição de novos braços *comprando-os a crédito*, a pagamento de três a *quatro anos, vencendo no intervalo juros mordentes*. (...) Assim os escravos morriam, mas as dívidas ficavam, e com elas os terrenos hipotecados aos especuladores, que compravam os africanos aos traficantes para revender aos lavradores (*Apoiados*). *Assim a nossa propriedade territorial ia passando das mãos dos agricultores para os especuladores e traficantes* (*Apoiados*). Essa experiência despertou os nossos lavradores, e fez-lhes conhecer que achavam sua ruína, onde procuravam a riqueza, e ficou o tráfico desde esse momento definitivamente condenado".

Grande parte do mesmo capital realizado foi empregada na edificação do Rio de Janeiro e da Bahia, mas o restante foi exportado para Portugal, que tirou assim do Tráfico, como tem tirado da Escravidão do Brasil não menores lucros do que a Espanha tirou dessas mesmas fontes em Cuba.

Ninguém, entretanto, se lembra de lamentar o dinheiro desperdiçado nesse ignóbil comércio, porque os seus prejuízos morais deixaram na sombra todos os lucros cessantes e toda a perda material do país *.

Retrospecto do combate político ao escravismo: a promulgação da Lei do Ventre Livre

A Fala do Trono de 22 de maio de 1867 foi para a emancipação como um raio, caindo de um céu sem nuvens. Esse oráculo sibilino em que o engenhoso eufemismo *elemento servil* amortecia o efeito da referência do chefe do Estado à escravidão e aos escravos — a instituição podia existir no país, mas o nome não devia ser pronunciado do alto do Trono em pleno Parlamento — foi como a explosão de uma cratera.

(...) Quanto à esperança proveniente da agitação antes e depois da campanha parlamentar que deu em resultado a lei de 1871, e às promessas depois feitas, basta-nos dizer em geral, por ora, que a oposição levantada contra aquele ato devia ter espalhado entre os escravos a crença de que o fim do seu cativeiro estava próximo. Os acessos de

---

* Extraído de: O tráfico de africanos. In: *O abolicionismo*. p. 80-5 (Obras Completas, v. 7).

furor de muitos proprietários; a linguagem de descrédito usada contra a monarquia nas fazendas, cujas paredes também têm ouvidos; a representação do Imperador, cujo nome é para os escravos sinônimo de força social e até de Providência, como sendo o protetor da sua causa, e por fim o naufrágio total da campanha contra o governo; cada uma das diferentes emoções daquela época agitada parecia calculada para infundir no barro do escravo o espírito do homem a insuflar-lhe a liberdade.

Desde o dia em que a Fala do Trono do Gabinete Zacarias inesperadamente, sem que nada o anunciasse, suscitou a formidável questão do *elemento servil*, até ao dia em que passou no Senado, no meio de aclamações populares e ficando o recinto coberto de flores, a lei Rio Branco, houve um período de ansiedade, incômoda para a lavoura, e para os escravos, pela razão contrária, cheia de esperança. A subida do Visconde de Itaboraí em 1868, depois de compromissos tomados naquela Fala e na célebre carta aos abolicionistas europeus, significava: ou que o Imperador ligava então, por causa talvez da guerra, maior importância ao estado do Tesouro que à reforma servil, ou que em política, na experiência de Dom Pedro II, a linha reta não era o caminho mais curto de um ponto a outro. Como se sabe também, aquele ministro caiu sobretudo pela atitude assumida nessa mesma questão pelos seus adversários, e pelos amigos que o queriam ver por terra. A chamada do Visconde de São Vicente para substituí-lo foi sinal de que a reforma da emancipação, que ficará para sempre associada entre outros com o nome daquele estadista, ia de fato ser tentada; infelizmente o presidente do Conselho organizou um ministério dividido entre si, e que por isso teve de ceder o seu lugar a uma combinação mais homogênea para o fim que a Nação e a Coroa tinham em vista. Foi essa o Ministério Rio Branco.

Durante todo esse tempo de retrocesso e hesitação, o Partido Liberal, que inscrevera no seu programa em 1869 "a emancipação dos escravos", agitou por todos os modos o país, no Senado, na imprensa, em conferências públicas.

(...) O grito de combate que repercutia no país não era "a emancipação dos nascituros", nem há senão figuradamente *emancipação* de indivíduos ainda não existentes; mas sim "a emancipação dos escravos". Os direitos alegados, os argumentos produzidos, eram todos aplicáveis às gerações atuais. Semelhante terremoto não podia restringir o seu tremendo abalo à área marcada, desmoronar o solo não edificado sem fender a parte contígua. O impulso não era dado aos interesses de partido, mas à consciência humana, e quando de uma revolução se quer fazer uma reforma, é preciso pelo menos que esta tenha o leito bastante largo para deixar passar a torrente.

(...) Considerado a princípio como uma espoliação pela aristocracia territorial, aquele ato legislativo que não restringiu de modo algum os direitos adquiridos, tornou-se com o tempo o seu melhor baluarte. Mas não é o que se diz hoje, que tem valor para nós; é o que se dizia antes da lei. Para medir-lhe o alcance é preciso atendermos ao que pensavam então, não os que a fizeram, mas os que a combateram. Neste caso a previdência, curioso resultado da cegueira moral, esteve toda do lado destes; foram eles que mediram verdadeiramente as conseqüências reais da lei, que lhe apontaram as incoerências e os absurdos, e que vaticinaram que essa não podia ser, e não havia de ser, a solução de tão grande problema *.

(...) A lei de 28 de setembro de 1871, seja dito incidentemente, foi um passo de gigante dado pelo país. Imperfeita, incompleta, impolítica, injusta, e até absurda, como nos parece hoje, essa lei foi nada menos do que o bloqueio moral da escravidão. A sua única parte definitiva e final foi este princípio: "Ninguém mais nasce *escravo*". Tudo o mais, ou foi necessariamente transitório, como a entrega desses mesmos *ingênuos* ao cativeiro até aos vinte e um anos; ou incompleto, como o sistema de resgate forçado; ou insignificante, como as classes de escravos libertados; ou absurdo, como o direito do senhor da escrava à indenização de uma apólice de 600$000 pela criança de oito anos que não deixou morrer; ou injusto, como a separação do menor e da mãe, em caso de alienação desta. Isso quanto ao que se acha disposto na lei; quanto ao que foi esquecido o índice das omissões não teria fim. Apesar de tudo, porém, o simples princípio fundamental em que ela assenta basta para fazer dessa lei o primeiro ato de legislação humanitária da nossa História.

(...) As acusações levantadas contra o projeto, se não deviam prevalecer para fazê-lo cair — porque as imperfeições, deficiências, absurdos, tudo o que se queira, da lei são infinitamente preferíveis à lógica da escravidão — mostravam os pontos em que, pela opinião mesma dos seus adversários, a reforma, uma vez promulgada, precisaria ser moralizada, alargada, e desenvolvida.

---

* Extraído de: Antes da lei 1871. In: *O abolicionismo*. p. 56-63 (Obras Completas, v. 7).

A lei de 28 de setembro não deve ser tomada como uma transação entre o Estado e os proprietários de escravos; mas como um ato de soberania nacional. Os proprietários tinham tanto direito de impor a sua vontade ao país quanto qualquer outra minoria dentro dele. A lei não é um tratado com a cláusula subentendida de que não poderá ser alterado sem o acordo das partes contratantes. Pelo contrário, foi feita com a inteligência dos dois lados, seguramente com a previsão da parte dos proprietários, de que seria somente um primeiro passo. Os que a repeliram, diziam que ela equivalia à abolição imediata; dos que a votaram, muitos qualificaram-na de deficiente e expressaram o desejo de vê-la completada por outras medidas, notavelmente pelo prazo. Quando, porém, o Poder Legislativo fosse unânime em dar à lei Rio Branco o alcance e a significação de uma solução definitiva da questão, aquela legislatura não tinha delegação especial para ligar as futuras Câmaras, nem o direito de fazer leis que não pudessem ser ampliadas ou revogadas por estas.

(...) Outra pretensão singular é a de que esse ato legalizou todos os abusos que não proscreveu, anistiou todos os crimes que não puniu, revogou todas as leis que não mencionou. Pretende-se mesmo que essa lei, que aboliu expressamente as antigas revogações de alforria, foi até revogar por sua vez a carta de liberdade que a lei de 7 de novembro de 1831 dera a todos os africanos importados depois dela. Não admira essa hermenêutica em matéria de escravidão — matéria em que na dúvida, aí não há dúvida alguma, é o princípio da liberdade que prevalece — quando lemos ainda hoje editais para a venda judicial de *ingênuos*.

(...) O Sr. Cristiano Ottoni disse há dois anos da tribuna do Senado aos que combateram a reforma de 1871: "O que o patriotismo aconselha é que nos coloquemos dentro da lei de 28 de setembro; mas para estudar seus defeitos e lacunas, para corrigi-los e suprimi-los". Ora, esses defeitos e lacunas denunciados pela oposição eram principalmente o abandono da geração presente e a condição servil dos *ingênuos* até os vinte e um anos.

(...) Quanto aos *ingênuos*, por exemplo, com que aparência de lógica e de sentimento da dignidade cívica não denunciavam os adversários da lei a criação dessa classe de futuros cidadãos educados na escravidão e com todos os vícios dela. (...)

"E que cidadãos são esses? Como vêm eles depois para a sociedade, tendo sido cativos de fato, não sabendo ler nem escrever, não tendo a mínima noção dos direitos e deveres do cidadão, inçados de todos os vícios da senzala? (*Apoiados*) Vícios da inteligência e vícios do coração? (*Apoiados*)."

Esses *apoiados* dos próprios diretamente responsáveis pelos *vícios da senzala* são pelo menos inconscientes.

O argumento é por sua natureza abolicionista; formulado pelos mesmos que queriam manter esses *ingênuos* na condição de escravos, é uma compaixão mal colocada e a condenação apenas da capacidade política dos libertos *.

A ordem escravocrata na primeira fase da etapa abolicionista

"A causa que vós, abolicionistas, advogais, dizem-nos todos os dias, não só os que nos insultam, mas também os que simpatizam conosco, é uma causa vencida, há muito tempo, na consciência pública."

Tanto quanto esta proposição tem alcance prático, significa isto:

"O país já decidiu, podeis estar descansados, os escravos serão todos postos em liberdade; não há, portanto, necessidade alguma de um partido abolicionista para promover os interesses daqueles enjeitados que a nação toda perfilhou".

Mas, quem diz isso tem um único fim — desarmar os defensores dos escravos para que o preço desses não diminua pela incerteza da longa posse que a lei atual promete ao senhor, e conseguir que a escravidão desapareça naturalmente, graças à mortalidade progressiva numa população que não pode aumentar. É claro que, para quem fala assim, os *ingênuos* são homens livres, não enchem anualmente os claros da escravatura, pelo que não é preciso que alguém tome a si a proteção dessas centenas de milhares de pessoas que são escravos somente até os vinte e um anos de idade, isto é, apenas provisórios. O repugnante espetáculo de uma grande massa de futuros cidadãos crescendo nas senzalas, sujeitos ao mesmo sistema de trabalho, à mesma educação moral, ao mesmo tratamento que os escravos, não preocupa os nossos adversários. Eles não acrescentam à massa dos escravos a massa dos *ingênuos*, quando inventariam os créditos a longo prazo da escravidão, nem quando lhe arrolam os bens existentes: mas para nós a sorte dos *ingênuos* é um dos dados, como a dos escravos, de um só problema.

---

* Extraído de: As promessas da "Lei de emancipação". In: *O abolicionismo*. p. 64-75 (Obras Completas, v. 7).

Será, entretanto, exato que esteja vencida no espírito público a idéia abolicionista? Neste momento não indagamos os fundamentos que há para se afirmar, como nós afirmamos, que a maioria do país está conosco sem o poder manifestar. Queremos tão-somente saber se a causa do escravo está ganha, ou pelo menos tão segura quanto à decisão final, que possa correr à revelia.

(...) Desapareça o Abolicionismo, que é a vigilância, a simpatia, o interesse da opinião pela sorte desses infelizes; fiquem eles entregues ao destino que a lei lhes traçou, e ao poder do senhor tal qual é, e a morte continuará a ser, como é hoje, a maior das probabilidades, e a única certeza, que eles têm de sair um dia do cativeiro.

Isso quanto à duração deste; quanto à sua natureza, é hoje o que foi sempre. Nas mãos de um bom senhor, o escravo pode ter uma vida feliz, como a do animal bem tratado e predileto; nas mãos de um mau senhor, ou de uma má senhora (a crueldade das mulheres é muitas vezes mais requintada e persistente que a dos homens), não há como descrever a vida de um desses infelizes. Se houvesse um inquérito no qual todos os escravos pudessem depor livremente, à parte os indiferentes à desgraça alheia, os cínicos e os traficantes, todos os brasileiros haviam de horrorizar-se ao ver o fundo de barbárie que existe no nosso país debaixo da camada superficial da civilização, onde quer que essa camada esteja sobreposta à propriedade do homem pelo homem.

Na escravidão não só *quod non prohibitum licitum est*, como também praticamente *nada é proibido*. Se cada escravo narrasse a sua vida desde a infância — as suas relações de família, a sua educação de espírito e coração, as cenas que presenciou, os castigos que sofreu, o tratamento que teve, a retribuição que deram ao seu trabalho de tantos anos para aumentar a fortuna e o bem-estar de estranhos — que seria a *Cabana do Pai Tomás*, de Mrs. Beecher Stowe, ou a *Vida* de Frederick Douglass ao lado de algumas narrações que nós teríamos que escutar? Dir-se-ia que a escravidão dá lugar a *abusos,* como todas as outras instituições, e com abusos não se argumenta. Mas esses abusos fazem parte das defesas e exigências da instituição e o fato de serem necessárias à sua existência basta para condenar o regime. O senhor que tem pelos seus escravos sentimentos de família é uma exceção, como é o senhor que lhes tem ódio e os tortura. O geral dos senhores trata de tirar do escravo todo o usufruto possível, explora a escravidão sem atender particularmente à natureza moral da propriedade servil. Mas, exceção ou regra, basta ser uma realidade, bastaria ser uma hipótese, o *mau senhor*, para que a lei que permite a qualquer indivíduo — nacional ou estrangeiro, ingênuo ou liberto e mesmo *escravo*, inocente ou criminoso, caritativo ou brutal — exercer sobre outros, melhores talvez do que ele, um poder que ela nunca definiu nem limitou, seja a negação absoluta de todo o senso moral.

Diariamente lemos anúncios de escravos fugidos denunciados à sede de dinheiro dos capitães-do-mato com detalhes que não ofendem o pudor humano da sociedade que os lê; nas nossas cidades há casas de comissões abertas, mercados e verdadeiros lupanares, sem que a polícia tenha olhos para essa mácula asquerosa; ainda está recente na memória pública a oposição corajosa de um delegado de polícia da cidade do Rio ao tráfico de escravas para a prostituição; os africanos transportados de Angola e Moçambique depois da lei de 7 de novembro de 1831 estão sempre no cativeiro; as praças judiciais de escravos continuam a substituir os antigos leilões públicos; em suma, a carne humana ainda tem preço. À vista desses fatos, quem ousa dizer que os escravos não precisam de defensores, como se o cativeiro em que eles vivem fosse condicional e não perpétuo, e a escravidão uma coisa obsoleta ou, pelo menos, cujas piores feições pertencessem já à história?

Quem sabe ao certo quantos milhares mais de escravos morrerão no cativeiro? Quando será proibida a compra e venda de homens, mulheres e crianças? Quando não terá mais o Estado que levantar impostos sobre essa espécie de propriedade? Ninguém. O que todos sabem é que o senhor julga perpétuo o seu direito sobre o escravo e, como o colocava à sombra do paládio constitucional — o artigo 179 — coloca-o hoje sob a proteção da lei de 28 de setembro.

O escravo ainda é uma *propriedade* como qualquer outra, da qual o senhor dispõe como de um cavalo ou de um móvel. Nas cidades, em contato com as diversas influências civilizadoras, ele escapa de alguma forma àquela condição; mas no campo, isolado do mundo, longe da proteção do Estado, sem ser conhecido de *nenhum* dos agentes deste, tendo apenas o seu nome de batismo matriculado, quando o tem, no livro da Coletoria local, podendo ser fechado num calabouço durante meses — nenhuma autoridade visita esses cárceres privados — ou ser açoitado todos os dias pela menor falta, ou sem falta alguma; à mercê do temperamento e do caráter do senhor, que lhe dá de esmola a roupa e alimentação que quer, sujeito a ser dado em penhor, a ser hipotecado, a ser vendido, o escravo brasileiro literalmente falando só tem de seu uma coisa — a morte.

(...) Entretanto não é menos certo que de alguma forma se pode dizer: — "A vossa causa, isto é, a dos escravos, que fizestes vossa, está moralmente ganha". Sim, está ganha, mas perante a opinião pública, dispersa, apática, intangível, e não perante o Parlamento e o governo, órgãos concretos da opinião; perante a religião, não perante a Igreja, nem no sentido da Comunhão dos Fiéis, nem no sacerdócio constituído; perante a ciência, não perante os corpos científicos, os professores, os homens que representam a ciência; perante a justiça e o direito, não perante a lei que é a sua expressão, nem perante os magistrados, administradores da lei; perante a mocidade, irresponsável, protegida por um "benefício macedoniano" político, que não reconhece as dívidas de opinião que ela contrai, não para a mocidade do outro lado da emancipação civil; perante os partidos, não perante os ministros, os deputados, os senadores, os presidentes de província, os candidatos todos à direção desses partidos, nem perante os eleitores que formam a plebe daquela aristocracia; perante a Europa, mas não perante os europeus estabelecidos no país, que, em grande proporção, ou possuem escravos ou não crêem num Brasil sem escravos e temem pelos seus interesses; perante a popularidade, não perante o povo; perante o Imperador como particular, não perante o chefe do Estado; perante os brasileiros em geral, não perante os brasileiros individualmente; isto é, resumindo-me, perante jurisdições virtuais, abstrações políticas, forças que estão ainda no seio do possível, simpatias generosas e impotentes, não perante o único tribunal que pode executar a sentença da liberdade da raça negra, isto é, a Nação brasileira constituída.

A vitória abolicionista será fato consumado no coração e na simpatia da grande maioria do país: mas enquanto essa vitória não se traduzir pela liberdade, não afiançada por palavras, mas lavrada em lei, não *provada* por sofistas mercenários, mas sentida pelo próprio escravo, semelhante triunfo sem resultados práticos, sem a reparação esperada pelas vítimas da escravidão, não passará de um choque da consciência humana em um organismo paralisado — que já consegue agitar-se, mas ainda não caminhar *.

(...) É curioso que os senhores, que exercem esse poder ilimitado sobre os seus escravos, considerem uma opressão intolerável contra si a mínima intervenção da lei a favor destes. A resistência, entretanto,

---

* Extraído de: A causa já está vencida. In: *O abolicionismo*. p. 30-9 (Obras Completas, v. 7).

que a lavoura opôs à parte da lei de 28 de setembro que criou o direito do escravo de ter pecúlio próprio e o de resgatar-se por meio deste, prova que nem essa migalha de liberdade ela queria deixar cair da sua mesa. Os lavradores do Bananal, por exemplo, representando pelos seus nomes a lavoura de São Paulo e dos limites da província do Rio, diziam em uma petição às Câmaras:

> "*Ou existe a propriedade com suas qualidades essenciais, ou então não pode decididamente existir.* A alforria forçada, com a série de medidas que lhes são relativas, é a vindita armada sobre todos os tetos, a injúria suspensa sobre todas as famílias, o aniquilamento da lavoura, a morte do país".

Quando se tratou no Conselho de Estado de admitir o direito de pecúlio, o Marquês de Olinda serviu-se desta frase significativa: *Não estamos fazendo lei de moral.*

O pior da escravidão não é todavia os seus grandes abusos e cóleras, nem suas vinditas terríveis; não é mesmo a morte do escravo: é sim a pressão diária que ela exerce sobre este; a ansiedade de cada hora a respeito de si e dos seus; a dependência em que está da boa vontade do senhor; a espionagem e a traição que o cercam por toda a parte, e o fazem viver eternamente fechado numa prisão de Dionísio, cujas paredes repetem cada palavra, cada segredo que ele confia a outrem, ainda mais, cada pensamento que a sua expressão somente denuncia.

Diz-se que entre nós a escravidão é suave, e os senhores são bons. A verdade, porém, é que toda a escravidão é a mesma, e quanto à bondade dos senhores esta não passa de resignação dos escravos. Quem se desse ao trabalho de fazer uma estatística dos crimes ou de escravos ou contra escravos, quem pudesse abrir um inquérito sobre a escravidão e ouvir as queixas dos que a sofrem, veria que ela no Brasil ainda hoje é tão dura, bárbara e cruel, como foi em qualquer outro país da América. Pela sua própria natureza a escravidão é tudo isso, e quando deixa de o ser, não é porque os senhores se tornem melhores, mas, sim, porque os escravos se resignaram completamente à anulação de toda a sua personalidade.

Enquanto existe, a escravidão tem em si todas as barbaridades possíveis. Ela só pode ser administrada com brandura relativa quando os escravos obedecem cegamente e sujeitam-se a tudo; a menor reflexão destes, porém, desperta em toda a sua ferocidade o monstro adormecido.

É que a escravidão só pode existir pelo terror absoluto infundido na alma do homem.

Suponha-se que os duzentos escravos de uma fazenda não queiram trabalhar; que pode fazer um *bom* senhor para forçá-los a ir para o serviço? Castigos estritamente moderados talvez não dêem resultado: o tronco, a prisão, não preenchem o fim, que é o trabalho; reduzi-los pela fome, não é humano nem praticável; está assim o bom senhor colocado entre a alternativa de abandonar os seus escravos, e a de subjugá-los por um castigo exemplar infligido aos principais dentre eles.

O limite da crueldade do senhor está, pois, na passividade do escravo. Desde que esta cessa, aparece aquela; e como a posição do proprietário de homens no meio do seu povo sublevado seria a mais perigosa, e, por causa da família, a mais aterradora possível, cada senhor, em todos os momentos da sua vida, vive exposto à contingência de ser bárbaro, e, para evitar maiores desgraças, coagido a ser severo. A escravidão não pode ser com efeito outra coisa. Encarreguem-se os homens mais moderados de administrar a intolerância religiosa e teremos novos autos-da-fé tão terríveis como os da Espanha. É a escravidão que é má, e obriga o senhor a sê-lo. Não se lhe pode mudar a natureza. O bom senhor de um mau escravo seria mais do que *um acidente feliz*; o que nós conhecemos é o bom senhor do escravo que renunciou a própria individualidade, e é um cadáver moral; mas esse é *bom* porque trata bem, materialmente falando, o escravo — não porque procure levantar nele o homem aviltado nem ressuscitar a dignidade humana morta.

A escravidão é hoje no Brasil o que era em 1862 nos Estados do Sul da União, o que foi em Cuba e nas Antilhas, o que não pode deixar de ser, como a guerra não pode deixar de ser sanguinolenta: isto é, bárbara, e bárbara como a descreveu Charles Sumner *.

(...) A escravidão é um estado violento de compressão da natureza humana no qual não pode deixar de haver, de vez em quando, uma forte explosão. Não temos estatísticas dos crimes agrários, mas pode-se dizer que a escravidão continuamente expõe o senhor ou os seus agentes, e tenta o escravo, à prática de crimes de maior ou menor gravidade. Entretanto, o número de escravos que saem do cativeiro pelo suicídio deve aproximar-se do número dos que se vingam do destino

---

* Extraído de: A escravidão atual. In: *O abolicionismo*. p. 115-7 (Obras Completas, v. 7).

da sua raça na pessoa que mais os atormenta, de ordinário o feitor. A vida, do berço ao túmulo, literalmente, debaixo do chicote é uma constante provocação dirigida ao animal humano, e à qual cada um de nós preferiria, mil vezes, a morte *.

(...) O país (...) sabe que depois da lei de 28 de setembro a vida dos escravos não mudou nada, senão na pequena porção dos que têm conseguido forrar-se esmolando pela sua liberdade. É preciso todavia, para se não dizer que em 1883, quando este livro estava sendo escrito, os abolicionistas tinham diante de si não a escravidão antiga, mas outra espécie de escravidão, modificada para o escravo por leis humanas e protetoras, e relativamente justas, que definamos a sorte e a condição do escravo hoje em dia perante a lei, a sociedade, a justiça pública, o senhor e finalmente ele próprio. Fá-lo-ei em traços talvez rápidos demais para um assunto tão vasto.

Quem chega ao Brasil e abre um dos nossos jornais encontra logo uma fotografia da escravidão atual, mais verdadeira do que qualquer pintura. Se o Brasil fosse destruído por um cataclismo, um só número, ao acaso, de qualquer dos grandes órgãos da imprensa bastaria para conservar para sempre as feições e os caracteres da escravidão, tal qual existe em nosso tempo. Não seriam precisos outros documentos para o historiador restaurá-la em toda a sua estrutura e segui-la em todas as suas influências.

Em qualquer número de um grande jornal brasileiro — exceto, tanto quanto sei, na Bahia, onde a imprensa da capital deixou de inserir anúncios sobre escravos — encontram-se, com efeito, as seguintes classes de informações que definem completamente a condição presente dos escravos: anúncios, de compra, venda e aluguel de escravos, em que sempre figuram as palavras *mucama, moleque, bonita peça, rapaz, pardinho, rapariga de casa de família* (as mulheres livres anunciam-se como *senhoras* a fim de melhor se diferençarem das escravas); editais para praças de escravos, espécie curiosa e da qual o último espécime de Valença, é um dos mais completos; anúncios de negros fugidos acompanhados em muitos jornais da conhecida vinheta do negro descalço com a trouxa ao ombro, nos quais os escravos são descritos muitas vezes pelos sinais de castigos que sofreram, e se oferece uma gratificação, não raro de um conto de réis, a quem o apreender e o levar ao seu dono — o que é um estímulo à profissão de capitães-do-mato; notícias

---
* Extraído de: Caráter do movimento abolicionista. Op. cit. p. 25.

de manumissões, bastante numerosas; narrações de crimes cometidos por escravos contra os senhores, mas sobretudo contra os agentes dos senhores, e de crimes cometidos por estes contra aqueles, castigos bárbaros e fatais, que formam, entretanto, uma insignificantíssima parte dos abusos do poder dominical, porque estes raro chegam ao conhecimento das autoridades, ou da imprensa, não havendo testemunhas nem denunciantes nesse gênero de crime.

Encontram-se, por fim, declarações repetidas de que a escravidão entre nós é um estado muito brando e suave para o escravo, de fato melhor para este do que para o senhor, tão feliz pela descrição, que se chega a supor que os escravos, se fossem consultados, prefeririam o cativeiro à liberdade; o que tudo prova, apenas, que os jornais e os artigos não são escritos por escravos, nem por pessoas que se hajam mentalmente colocado, por um segundo, na posição deles.

Mais de um livro estrangeiro de viagens, em que há impressões do Brasil, trazem a reprodução desses anúncios, como o melhor meio de ilustrar a escravidão local. Realmente não há documento antigo, preservado em hieróglifos nos papiros egípcios ou em caracteres góticos nos pergaminhos da Idade Média, em que se revele uma ordem social mais afastada da civilização moderna do que esses tristes anúncios da escravidão, os quais nos parecem efêmeros, e formam, todavia, a principal feição da nossa história. A posição legal do escravo resume-se nestas palavras: a Constituição não se ocupou dele. Para poder conter princípios como estes:

> "Nenhum cidadão pode ser obrigado a fazer ou deixar de fazer alguma coisa senão em virtude da lei... Todo o cidadão tem em sua casa um asilo inviolável... A lei será igual para todos... Ficam abolidos todos os privilégios... Desde já ficam abolidos os açoites, a tortura, a marca de ferro quente, e todas as mais penas cruéis... Nenhuma pena passará da pessoa do delinqüente; nem a infâmia do réu se transmitirá aos parentes em qualquer grau que seja... É garantido o *direito de propriedade em toda a sua plenitude*".

era preciso que a Constituição não contivesse uma só palavra que sancionasse a escravidão.

Qualquer expressão que o fizesse incluiria naquele código de liberdades a seguinte restrição:

> "Além dos cidadãos a quem são garantidos esses direitos, e dos estrangeiros a quem serão tornados extensivos, há no país uma classe

sem direito algum: a dos escravos. O escravo será obrigado a fazer, ou a não fazer, o que lhe for ordenado pelo seu senhor, seja em virtude da lei, seja contra a lei, que não lhe dá o direito de desobedecer. O escravo não terá um único asilo inviolável, nem nos braços da mãe, nem à sombra da cruz, nem no leito de morte; no Brasil não há cidades de refúgio. Ele será objeto de todos os privilégios, revogados para os outros; a lei não será igual para ele porque está fora da lei, e o seu bem-estar material e moral será tão regulado por ela como o é o tratamento dos animais; para ele continuará de fato a existir a pena, abolida, de *açoites* e a *tortura*, exercida senão com os mesmos instrumentos medievais, com maior constância ainda em arrancar a confissão, e com a devassa diária de tudo o que há de mais íntimo nos segredos humanos. Nessa classe a pena da escravidão, a pior de todas as penas, transmite-se, com a infâmia que a caracteriza, de mãe a filhos, sejam esses filhos do próprio senhor".

Está assim uma nação *livre,* filha da Revolução e dos Direitos do Homem, obrigada a empregar os seus juízes, a sua polícia, se preciso for o seu exército e a sua armada, para forçar homens, mulheres e crianças a trabalhar noite e dia, sem salário.

Qualquer palavra que desmascarasse essa triste constituição social reduziria o foral das liberdades' do Brasil, e o seu regime de completa igualdade na monarquia democratizada, a uma impostura transparente; por isso a Constituição não falou em escravos, nem regulou a condição desses. Isso mesmo era uma promessa, a esses infelizes, de que o seu estado era todo transitório, a atribuir-se lógica à vergonha mostrada pelos que nos constituíram por aquele decreto.

Em 1855 o governo encarregou um dos mais eminentes dos nossos jurisconsultos, o Sr. Teixeira de Freitas, de consolidar o direito pátrio. Esse trabalho, que é a *Consolidação das Leis Civis,* e já teve três edições, apareceu sem nenhum artigo referente a escravos. Pela Constituição *não existia* a escravidão no Brasil. A primeira codificação geral do nosso direito continuou essa ficção engenhosa. A verdade é que ofende a susceptibilidade nacional o confessar que somos — e não o sermos — um país de escravos, e por isso não se tem tratado de regular a condição destes.

"Cumpre advertir", dizia o autor da Consolidação, "que não há um só lugar do nosso texto, onde se trate de escravos. Temos, é verdade, a escravidão entre nós; mas se esse mal é uma exceção que lamentamos, condenada a extinguir-se em época mais ou menos remota, façamos também uma exceção, um capítulo avulso na reforma das nossas leis civis; não as maculemos com disposições vergonhosas que não podem servir para a posteridade; fique o *estado de liberdade* sem o seu correlativo odioso. As leis concernentes à escravidão (que não são muitas) serão pois classificadas à parte, e formarão nosso *Código Negro*."

Tudo isso seria muito *patriótico* se melhorasse de qualquer forma a posição dos escravos. Mas quando não se legisla sobre estes porque a escravidão é repugnante, ofende o patriotismo, é uma vista que os nervos de uma nação delicada não podem suportar sem crise, e outros motivos igualmente ridículos, desde que no país noite e dia se pratica a escravidão e todos se habituaram, até a mais completa indiferença, a tudo o que ela tem de desumano e cruel, à vivisseção moral a que ela continuamente submete as suas vítimas, esse receio de *macular as nossas leis civis com disposições vergonhosas* só serve para conservar aquelas no estado bárbaro em que se acham *.

---

* Extraído de: A escravidão atual. In: *O abolicionismo.* p. 104-9 (Obras Completas, v. 7).

2. CONSTRUÇÃO ANALÍTICA DA REALIDADE SOCIAL

Aspectos geográficos e sócio-econômicos do monopólio territorial

A verdade é que as vastas regiões exploradas pela escravidão colonial têm um aspecto único de tristeza e abandono: não há nelas o consórcio do homem com a terra, as feições da habitação permanente, os sinais do crescimento natural. O passado está aí visível, não há, porém, prenúncio do futuro: o presente é o definhamento gradual que precede a morte. A população não possui definitivamente o solo: o grande proprietário conquistou-o à Natureza com os seus escravos, explorou-o, enriqueceu por ele extenuando-o, depois faliu pelo emprego extravagante que tem quase sempre a fortuna mal adquirida, e, por fim, esse solo voltou à Natureza, estragado e exausto.

É assim que nas províncias do Norte a escravidão se liquidou, ou está liquidando, pela ruína de todas as suas antigas empresas. O ouro realizado pelo açúcar foi largamente empregado em escravos, no luxo desordenado da vida senhorial; as propriedades, com a extinção dos vínculos, passaram das antigas famílias da terra, por hipotecas ou pagamento de dívidas, para outras mãos; e os descendentes dos antigos morgados e senhores territoriais acham-se hoje reduzidos à mais precária condição imaginável, na Bahia, no Maranhão, no Rio e em Pernambuco, obrigados a recolher-se ao grande asilo das fortunas desbaratadas da escravidão que é o funcionalismo público. Se, por acaso, o

Estado despedisse todos os seus pensionistas e empregados, ver-se-ia a situação real a que a escravidão reduziu os representantes das famílias que a exploraram no século passado e no atual, isto é, como ela liquidou-se quase sempre pela bancarrota das riquezas que produziu. E o que temos visto é nada em comparação do que havemos de ver.

O Norte todo do Brasil há de recordar, por muito tempo, que o resultado final daquele sistema é a pobreza e a miséria do país. Nem é de admirar que a cultura do solo por uma classe sem interesse algum no trabalho que lhe é extorquido dê esses resultados. Como se sabe o regime da terra sob a escravidão consiste na divisão de todo o solo explorado em certo número de grandes propriedades. Esses feudos são logo isolados de qualquer comunicação com o mundo exterior; mesmo os agentes do pequeno comércio, que neles penetram, são suspeitos ao senhor, e os escravos que nascem e morrem dentro do horizonte do engenho ou da fazenda são praticamente galés. A divisão de uma vasta província em verdadeiras colônias penais, refratárias ao progresso, pequenos achantis em que impera uma só vontade, entregue às vezes a administradores saídos da própria classe dos escravos, e sempre a feitores, que em geral são escravos sem entranhas, não pode trazer benefício algum permanente à região parcelada, nem à população livre que nela mora, por favor dos donos da terra, em estado de contínua dependência.

Por isso também, os progressos do interior são nulos em trezentos anos de vida nacional. As cidades, a que a presença dos governos provinciais não dá uma animação artificial, são por assim dizer mortas. Quase todas são decadentes. A capital centraliza todos os fornecimentos para o interior; é com o correspondente do Recife, da Bahia ou do Rio, que o senhor de engenho e o fazendeiro se entendem, e, assim, o comércio dos outros municípios da província é nenhum. O que se dá na Bahia e em Pernambuco dá-se em toda a parte. A vida provincial está concentrada nas capitais, e a existência que essas levam, o pouco progresso que fazem, o lento crescimento que têm, mostram que essa centralização, longe de derramar vida pela província, fá-la definhar. Essa falta de centros locais é tão grande que o mapa de cada província poderia ser feito sem se esconder nenhuma cidade florescente, notando-se apenas as capitais. Muitas destas mesmo constam de insignificantes coleções de casas cujo material todo, e tudo o que nelas se contém, não bastaria para formar uma cidade norte-americana de décima ordem. A vida nas outras é precária, falta tudo o que é bem-estar;

não há água encanada nem iluminação a gás, a municipalidade não tem a renda de um particular medianamente abastado, não se encontra o rudimento, o esboço sequer, dos órgãos funcionais de uma *cidade*. São esses os *grandes* resultados da escravidão em trezentos anos.

(...) Fazendas ou engenhos isolados, com uma fábrica de escravos, com os moradores das terras na posição de agregados do estabelecimento, de camaradas ou capangas; onde os proprietários não permitem relações entre o seu povo e estranhos; divididos, muitas vezes, entre si por questões de demarcação de terras, tão fatais num país onde a justiça não tem meios contra os potentados; não podem dar lugar à aparição de cidades internas, autônomas, que vivifiquem com os seus capitais e recursos a zona onde se estabelecem. Tome-se o Cabo, ou Valença, ou qualquer província, e há de ver-se que não tem vida própria, que não preenche função alguma definitiva na economia social. Uma ou outra que apresenta, como Campinas ou Campos, uma aparência de florescimento, é porque está na fase do brilho meteórico que as outras também tiveram, e da qual a olho desarmado pode reconhecer-se o caráter transitório.

(...) A concorrência há de surgir, [para o café], como surgiu para o açúcar. É certo que este pode ser extraído de diversas plantas, ao passo que o café só é produzido pelo cafezeiro; mas diversos países o estão cultivando e hão de produzi-lo mais barato, sobretudo pelo custo do transporte, além de que o Ceilão já mostrou os pés de barro dessa lavoura única.

Quando passar o reinado do café, e os preços baixos já serviram de prenúncio, o Sul há de ver-se reduzido ao estado do Norte. Ponhamos São Paulo e o extremo Sul de lado, e consideremos o Rio de Janeiro e Minas Gerais. Sem o café, uma e outra são duas províncias decrépitas. Ouro Preto não representa hoje na vida nacional maior papel do que representou Vila Rica nos dias em que a casa de Tiradentes foi arrasada por sentença; Mariana, São João d'El-Rei, Barbacena, Sabará, Diamantina, ou estão decadentes, ou, apenas, conseguem não decair. É nos municípios do café que está a parte opulenta de Minas Gerais.

Com São Paulo dá-se um fato particular. Apesar de ser São Paulo o baluarte atual da escravidão, em São Paulo e nas províncias do Sul ela não causou tão grandes estragos; é certo que São Paulo empregou grande parte do seu capital na compra de escravos do Norte, mas a lavoura não depende tanto quanto a do Rio de Janeiro e a de Minas Gerais da escravidão para ser reputada solvável.

Tem-se exagerado muito a iniciativa paulista nos últimos anos, por haver a província feito estradas de ferro sem socorro do Estado, depois que viu os resultados da estrada de ferro de Santos a Jundiaí; mas, se os paulistas não são, como foram chamados, os *yankees* do Brasil, o qual não tem *yankees* — nem São Paulo é a província mais adiantada, nem a mais americana, nem a mais liberal de espírito do país; será a Louisiana do Brasil, não o Massachusetts — não é menos certo que a província, por ter entrado no seu período florescente no fim do domínio da escravidão, há de revelar na crise maior elasticidade do que as suas vizinhas.

(...) Os três milhões de quilômetros quadrados de duas das províncias em que se divide a bacia do Amazonas, o Pará e o Amazonas, com espaço para quase seis países como a França, e com o território vazio limítrofe para toda a Europa menos a Rússia, não tem uma população de quinhentos mil habitantes. O estado dessa região é tal que em 1878 o governo brasileiro fez concessão por vinte anos do vale do alto Xingu, um tributário do Amazonas cujo curso é calculado em cerca de dois mil quilômetros, com todas as suas produções e tudo o que nele se achasse, a alguns negociantes do Pará! O Parlamento não ratificou essa doação; mas o fato de ter sido ela feita mostra como, praticamente, ainda é *res nullius* a bacia do Amazonas. Os seringais, apesar da sua imensa extensão, têm sido grandemente destruídos, e essa riqueza natural do grande vale está ameaçada de desaparecer, porque o caráter da indústria extrativa é tão ganancioso, e por isso esterilizador, no regime da escravidão como o da cultura do solo. O regatão é o agente da destruição no Amazonas como o senhor de escravos o foi no Norte e no Sul.

(...) Esses regatões, de quem disse o bispo do Pará, que "embriagam os chefes das casas para mais facilmente desonrar-lhes as famílias", que "não há imoralidade que não pratiquem", não são mais do que o produto da escravidão, estabelecida nas capitais, atuando sobre o espírito cúpido e aventureiro de homens sem educação moral.

(...) É um triste espetáculo essa luta do homem com o território por meio do trabalho escravo. Em parte alguma o solo adquire vida; os edifícios que nele se levantam são uma forma de luxo passageiro e extravagante, destinada a pronta decadência e abandono. A população vive em choças onde o vento e a chuva penetram, sem soalho nem vidraças, sem móveis nem conforto algum, com a rede do índio ou o estrado do negro por leito, a vasilha de água e a panela por utensílios, e a viola suspensa ao lado da imagem. Isso é no campo; nas pequenas cidades e vilas do interior, as habitações dos pobres, dos que não têm emprego nem negócio, são pouco mais que essas miseráveis palhoças do agregado ou do morador. Nas capitais de ruas elegantes e subúrbios aristocráticos, estende-se, como nos Afogados no Recife, às portas da cidade, o bairro da pobreza com a sua linha de cabanas que parecem, no século XIX, residências de animais, como nas calçadas mais freqüentadas da Bahia, e nas praças do Rio, ao lado da velha casa nobre, que fora de algum antigo morgado ou de algum traficante enobrecido, vê-se o miserável esquálido antro do africano, como a sombra grotesca dessa riqueza efêmera e do abismo que a atrai.

Quem vê os caminhos de ferro que temos construído, a imensa produção de café que exportamos, o progresso material que temos feito, pensa que os resultados da escravidão não são assim tão funestos ao território. É preciso, porém, lembrar que a aparência atual de riqueza e prosperidade provém de um produto só — quando a população do país excede de dez milhões — e que a liquidação forçada desse produto seria nada menos do que uma catástrofe financeira. A escravidão está no Sul no apogeu, no seu grande período industrial, quando tem terras virgens, como as de São Paulo a explorar, e um gênero de exportação precioso a produzir. A empresa, neste momento, porque ela não é outra coisa, está dando algum lucro aos associados. Lucro, de que partilham todas as classes intermédias do comércio, comissários, ensacadores, exportadores; cujas migalhas sustentam uma clientela enorme de todas as profissões, desde o camarada que faz o serviço de votante, até ao médico, ao advogado, ao vigário, ao juiz de paz; e do qual por fim uma parte, e não pequena, é absorvida pelo Tesouro para manutenção da cauda colossal do nosso orçamento — o funcionalismo público. Com essa porcentagem dos proventos da escravidão, o Estado concede garantia de juros de sete por cento a companhias inglesas que constroem estradas de ferro no país, e assim o capital estrangeiro, atraído pelos altos juros e pelo crédito intato de uma nação que parece solvável, vai tentar fortuna em empresas como a Estrada de Ferro de São Paulo, que tem a dupla garantia do Brasil e — do café.

Mas essa ilusão toda de riqueza, de desenvolvimento nacional, criada por este, como a do açúcar e a do algodão no Norte, como a da borracha no vale do Amazonas, como a do ouro em Minas Gerais, não engana a quem a estuda e observa nos seus contrastes, na sombra que ela projeta. A realidade é um povo antes escravo do que senhor do vasto território que ocupa; a cujos olhos o trabalho foi sistematicamente aviltado; ao qual se ensinou que a nobreza está em fazer trabalhar; afastado da escola; indiferente a todos os sentimentos, instintos, paixões e necessidades, que formam dos habitantes de um mesmo país, mais do que uma simples sociedade — uma nação. Quando o Sr. Silveira Martins disse no Senado: "O Brasil é o café, e o café é o negro" — não querendo por certo dizer o escravo — definiu o Brasil como fazenda, como empresa comercial de uma pequena minoria de interessados, em suma, o Brasil da escravidão atual. Mas, basta que um país, muito mais vasto do que a Rússia da Europa, quase o dobro da Europa sem a Rússia, mais de um terço do Império Britânico nas cinco partes do mundo, povoado por mais de dez milhões de habitantes, possa ser descrito daquela forma, para se avaliar o que a Escravidão fez dele.

Esse terrível azorrague não açoitou somente as costas do homem negro, macerou as carnes de um povo todo. Pela ação de leis sociais poderosas, que decorrem da moralidade humana, essa fábrica de espoliação não podia realizar bem algum, e foi, com efeito, um flagelo que imprimiu na face da sociedade e da terra todos os sinais da decadência prematura. A fortuna passou das mãos dos que a fundaram às dos credores; poucos são os netos de agricultores que se conservam à frente das propriedades que seus pais herdaram; o adágio "pai rico, filho nobre, neto pobre" expressa a longa experiência popular dos hábitos da escravidão, que dissiparam todas as riquezas, não raro no exterior e, como temos visto, em grande parte, eliminaram da reserva nacional o capital acumulado naquele regime.

A escravidão explorou parte do território estragando-o, e não foi além, não o abarcou todo, porque não tem iniciativa para migrar, e só avidez para estender-se. Por isso, o Brasil é ainda o maior pedaço de terra incógnita no mapa do globo.

(...) Foi isso o que aconteceu entre nós, sendo que em parte alguma a cultura do solo foi mais destruidora. A última seca do Ceará pôs, do modo mais calamitoso, em evidência uma das maldições que sempre acompanharam, quando não precederam, a marcha da escravidão, isto é, a destruição das florestas pela queimada.

"O machado e o fogo são os cruéis instrumentos", escreve o senador Pompeu, "com que uma população, ignara dos princípios rudimentares da economia rural, e herdeira dos hábitos dos aborígenes, há dois séculos desnuda sem cessar as nossas serras e vales dessas florestas virgens, só para aproveitar-se o adubo de um roçado em um ano."

A cada passo encontramos e sentimos os vestígios desse sistema, que reduz um belo país tropical da mais exuberante natureza ao aspecto das regiões onde se esgotou a força criadora da terra.

(...) O que [a escravidão] fez foi esterilizar o solo pela sua cultura extenuativa, embrutecer os escravos, impedir o desenvolvimento dos municípios, e espalhar em torno dos feudos senhoriais o aspecto das regiões miasmáticas, ou devastadas pelas instituições que suportou, aspecto que o homem livre instintivamente reconhece. Sobre a população toda do nosso interior, ou às orlas das capitais ou nos páramos do sertão, os seus efeitos foram: dependência, miséria, ignorância, sujeição ao arbítrio dos potentados — para os quais o recrutamento foi o principal meio de ação; a falta de um canto da terra que o pobre pudesse chamar seu, ainda que por certo prazo, e cultivar como próprio; de uma casa que fosse para ele um asilo inviolável e da qual não o mandassem esbulhar à vontade; da família — respeitada e protegida. Por último, essa população foi por mais de três séculos acostumada a considerar o trabalho do campo como próprio de escravos. Saída quase toda das senzalas, ela julga aumentar a distância que a separa daqueles, não fazendo livremente o que eles fazem forçados.

Mais de uma vez, tenho ouvido referir que se oferecera dinheiro a um dos nossos sertanejos por um serviço leve e que esse recusara prestá-lo. Isso não me admira. Não se lhe oferecia um salário certo. Se lhe propusessem um meio de vida permanente, que melhorasse a sua condição, ele teria provavelmente aceito a oferta. Mas, quando não a aceitasse, admitindo-se que os indivíduos com quem se verificariam tais fatos representem uma classe de brasileiros que se conta por milhões, como muitos pretendem, a dos que recusam trabalhar por salário, que melhor prova da terrível influência da escravidão? Durante séculos ela não consentiu mercado de trabalho e não se serviu senão de escravos; o trabalhador livre não tinha lugar na sociedade, sendo um nômade, um mendigo, e por isso em parte nenhuma achava ocupação fixa. (...) E como vivem, como se nutrem, esses milhões de homens, porque são milhões que se acham nessa condição intermédia, que não é o escravo, mas também não é o cidadão; cujo único contingente para o sustento da comunhão, que aliás nenhuma proteção lhes garante, foi sempre o do sangue, porque essa era a massa recrutável, os feudos agrícolas roubando ao exército os senhores e suas famílias, os escravos, os agregados, os moradores, e os brancos?

As habitações já as vimos. São quatro paredes, separadas no interior por uma divisão em dois ou três cubículos infectos, baixas e esburacadas, abertas à chuva e ao vento, pouco mais do que o curral, menos do que a estrebaria. É nesses ranchos que vivem famílias de cidadãos brasileiros! A alimentação corresponde à independência de hábitos sedentários causada pelas moradas. É a farinha de mandioca que forma a base alimentar, na qual entra, como artigo de luxo, o bacalhau da Noruega ou o charque do Rio da Prata. "Eles vivem diretamente" — diz o Sr. Milet, referindo-se à população, que está "fora do movimento geral das trocas internacionais", avaliada por ele na quinta parte da população do Brasil, e que faz parte desses milhões de párias livres da escravidão — "da caça e da pesca, dos frutos imediatos do seu trabalho agrícola, da criação do gado e dos produtos de uma indústria rudimentar".

Foi essa a população que se foi internando, vivendo como ciganos, aderindo às terras das fazendas ou dos engenhos onde achava agasalho, formando-se em pequenos núcleos nos interstícios das propriedades agrícolas, edificando as suas quatro paredes de barro onde se lhe dava permissão para fazê-lo, mediante condições de vassalagem que constituíam os moradores em servos da gleba *.

Estratos sociais, agentes econômicos e mecanismos de manutenção do nível de emprego

Uma classe importante, cujo desenvolvimento se acha impedido pela escravidão, é a dos lavradores que não são proprietários, e, em geral, dos moradores do campo ou do sertão.

(...) Esta é a pintura que, com verdadeiro sentimento humano, fez de uma porção, e a mais feliz, dessa classe, um senhor de engenho, no Congresso Agrícola do Recife em 1878:

> "O plantador não fabricante leva vida precária; seu trabalho não é remunerado, seus brios não são respeitados; seus interesses ficam à mercê dos caprichos do fabricante em cujas terras habita. Não há ao

---
* Extraído de: Influência sobre o território e a população do interior. In: *O abolicionismo*. p. 129-45 (Obras Completas, v. 7).

menos um contrato escrito, que obrigue as partes interessadas; tudo tem base na vontade absoluta do fabricante. Em troca de habitação, muitas vezes péssima, e de algum terreno que lhe é dado para plantações de mandioca, que devem ser limitadas, e feitas em terreno sempre o menos produtivo; em troca disto, parte o parceiro todo o açúcar de suas canas em quantidades iguais; sendo propriedade do fabricante todo o mel de tal açúcar, toda a cachaça delas resultante, todo o bagaço, que é excelente combustível para o fabrico do açúcar, todos os olhos das canas, suculento alimento para o seu gado. É uma partilha leonina, tanto mais injusta quanto todas as despesas da plantação, trato da lavoura, corte, arranjo das canas e seu transporte à fábrica, são feitos exclusivamente pelo plantador meeiro.

À parte os sentimentos dos que são eqüitativos e generosos, o pobre plantador de canas da classe a que me refiro, nem habitação segura tem: de momento para outro pode ser caprichosamente despejado, sujeito a ver estranhos até à porta da cozinha de sua triste habitação, ou a precipitar a sua saída, levando à família o último infortúnio".

Essa é ainda uma classe favorecida, a dos lavradores meeiros, abaixo da qual há outras que nada têm de seu, moradores que nada têm para vender ao proprietário, e que levam uma existência nômada e segregada de todas as obrigações sociais, como fora de toda a proteção do Estado.

Tomem-se outras classes, cujo desenvolvimento se acha retardado pela escravidão, as classes operárias e industriais, e, em geral, o comércio.

A escravidão não consente, em parte alguma, classes operárias propriamente ditas, nem é compatível com o regime do salário e a dignidade pessoal do artífice.

(...) Em relação ao comércio, a escravidão procede desta forma: fecha-lhe, por desconfiança e rotina, o interior, isto é, tudo o que não é a capital da província; exceto em Santos e Campinas, em São Paulo; Petrópolis e Campos, no Rio de Janeiro; Pelotas, no Rio Grande do Sul; e alguma outra cidade mais, não há casas de negócio senão nas capitais, onde se encontre mais do que um pequeno fornecimento de artigos necessários à vida, esses mesmos ou grosseiros ou falsificados. Assim como nada se vê que revele o progresso intelectual dos habitantes — nem livrarias, nem jornais — não se encontra o comércio, senão na antiga forma rudimentar, indivisa ainda, da venda-bazar. Por isso, o que não vai diretamente da Corte, como encomenda, só chega ao consumidor pelo mascate, cuja história é a da civilização do nosso interior todo, e que, de fato, é o *pioneer* do comércio, e representa os limites em que a escravidão é compatível com a permuta local. O comércio, entretanto, é o manancial da escravidão, e o seu banqueiro. Na geração passada, em toda a parte, ele a alimentou de africanos *boçais* ou *ladinos*; muitas das propriedades agrícolas caíram em mãos de fornecedores de escravos; as fortunas realizadas pelo Tráfico (para o qual a moeda falsa teve por vezes grande afinidade) foram, na parte não exportada, nem convertida em pedra e cal, empregadas em auxiliar a lavoura pela usura. Na atual geração, o vínculo entre o comércio e a escravidão não é assim desonroso para aquele; mas a dependência mútua continua a ser a mesma. Os principais fregueses do comércio são proprietários de escravos, exatamente como os *leaders* da classe; o café é sempre rei nas praças do Rio e de Santos, e o comércio, faltando a indústria e o trabalho livre, não pode servir senão para gente da escravidão, comprando-lhe tudo o que ela oferece e vendendo-lhe tudo de que ela precisa. Por isso, também, no Brasil ele não se desenvolve, não abre horizontes ao país; mas é uma força inativa, sem estímulos, e cônscia de que é, apenas, um prolongamento da escravidão, ou antes o mecanismo pelo qual a carne humana é convertida em ouro e circula, dentro e fora do país, sob a forma de letras de câmbio. Ele sabe que, se a escravidão o receia, como receia todos os condutores do progresso, seja este a loja do negociante, a estação da estrada de ferro, ou a escola primária, também precisa dele, como por certo não precisa, nem quer saber, desta última, e trata de viver com ele nos melhores termos· possíveis. Mas, com a escravidão, o comércio será sempre o servo de uma classe, sem a independência de um agente nacional; ele nunca há de florescer, num regime que não lhe consente entrar em relações diretas com os consumidores, e não eleva a população do interior a essa categoria.

Das classes que esse sistema fez crescer artificialmente a mais numerosa é a dos empregados públicos.

(...) O funcionalismo é, como já vimos, o asilo dos descendentes de antigas famílias ricas e fidalgas, que desbarataram as fortunas realizadas pela escravidão, fortunas a respeito das quais pode dizer-se, em regra, como se diz das fortunas feitas no jogo, que não medram, nem dão felicidade. É além disso o viveiro político, porque abriga todos os pobres inteligentes, todos os que têm ambição e capacidade, mas não têm meios, e que são a grande maioria dos nossos homens de merecimento. Faça-se uma lista dos nossos estadistas pobres, de primeira e segunda ordem, que resolveram o seu problema individual pelo casamento rico, isto é, na maior parte dos casos, tornando-se humildes clientes da escravidão; e outra dos que o resolveram pela acumulação de cargos públicos, e ter-se-ão, nessas duas listas, os nomes de quase todos eles. Isso significa que o país está fechado em todas as direções; que muitas avenidas que poderiam oferecer um meio de vida a homens de talento, mas sem qualidades mercantis, como a literatura, a ciência, a imprensa, o magistério, não passam ainda de vielas, e outras, em que homens práticos, de tendências industriais, poderiam prosperar, são por falta de crédito, ou pela estreiteza do comércio, ou pela estrutura rudimentar da nossa vida econômica, outras tantas portas muradas.

Nessas condições oferecem-se ao brasileiro que começa diversos caminhos, os quais conduzem todos ao emprego público. As profissões chamadas independentes, mas que dependem em grande escala do favor da escravidão, como a advocacia, a medicina, a engenharia, têm pontos de contato importantes com o funcionalismo, como sejam os cargos públicos, as academias, as obras públicas. Além desses, que recolhem por assim dizer as migalhas do orçamento, há outros, negociantes, capitalistas, indivíduos inclassificáveis, que querem contratos, subvenções do Estado, garantias de juro, empreitadas de obras, fornecimentos públicos.

A classe dos que assim vivem com os olhos voltados para a munificência do governo é extremamente numerosa, e diretamente filha da escravidão, porque ela não consente outra carreira aos brasileiros, havendo abarcado a terra, degradado o trabalho, corrompido o sentimento de altivez pessoal em desprezo por quem trabalha em posição inferior a outro, ou não faz trabalhar. Como a necessidade é irresistível essa fome de emprego público determina uma progressão constante do nosso orçamento, que a nação, não podendo pagar com a sua renda, paga com o próprio capital necessário à sua subsistência, e que, mesmo assim, só é afinal equilibrado por novas dívidas.

Além de ser artificial e prematuro, o atual desenvolvimento da classe dos remunerados pelo Tesouro, sendo, como é a cifra da despesa nacional, superior às nossas forças, a escravidão, fechando todas as outras avenidas, como vimos, da indústria, do comércio, da ciência, das letras, criou em torno desse exército ativo uma reserva de pretendentes, cujo número realmente não se pode contar, e que, com exceção dos que estão consumindo, ociosamente, as fortunas que herdaram e dos que estão explorando a escravidão com a alma do proprietário de homens, pode calcular-se quase exatamente, pelo recenseamento dos que sabem ler e escrever. Num tempo em que o servilismo e a adulação são a escada pela qual se sobe, e a independência e o caráter a escada pela qual se desce; em que a inveja é uma paixão dominante; em que não há outras regras de promoção, nem provas de suficiência, senão o empenho e o patronato; quando ninguém, que não se faça lembrar, é chamado para coisa alguma, e a injustiça é ressentida apenas pelo próprio ofendido: os empregados públicos são os servos da gleba do governo, vivem com suas famílias em terras do Estado, sujeitos a uma evicção sem aviso, que equivale à fome, numa dependência da qual só para os fortes não resulta a quebra do caráter. Em cada um dos sintomas característicos da séria hipertrofia do funcionalismo, como ela se apresenta no Brasil, quem tenha estudado a escravidão reconhece logo um dos seus efeitos. Podemos nós, porém, ter a consolação de que abatendo as diversas profissões, reduzindo a nação ao proletariado, a escravidão todavia conseguiu fazer dos senhores, da *lavoura*, uma classe superior, pelo menos rica, e, mais do que isso, educada, patriótica, digna de representar o país intelectual e moralmente?

Quanto à riqueza, já vimos que a escravidão arruinou uma geração de agricultores, que ela mesma substituiu pelos que lhes forneciam os escravos. De 1853 a 1857, quando se deviam estar liquidando as obrigações do Tráfico, a dívida hipotecária da Corte e província do Rio de Janeiro subia a sessenta e sete mil contos. A atual geração não tem sido mais feliz. Grande parte dos seus lucros foram convertidos em carne humana, a alto preço, e, se hoje uma epidemia devastasse os cafezeiros, o capital que a lavoura toda do Império poderia apurar para novas culturas havia de espantar os que a reputam florescente. Além disso, há quinze anos que não se fala senão em *auxílios à lavoura.*

(...) Há quinze anos que se nos descreve de todos os lados a lavoura como estando em *crise,* necessitada de *auxílios*, agonizante, em bancarrota próxima. O Estado é, todos os dias, denunciado por não fazer empréstimos e aumentar os impostos para habilitar os fazendeiros a comprar ainda mais escravos. Em 1875 uma lei, a de 6 de novembro, autorizou o governo a dar a garantia nacional ao banco estrangeiro — nenhum outro poderia emitir na Europa — que emprestasse dinheiro à lavoura mais barato do que o mercado monetário interno. Para terem fábricas centrais de açúcar, e melhorarem o seu produto, os senhores de engenho precisaram de que a nação as levantasse sob a sua responsabilidade. O mesmo tem-se pedido para o café. Assim como dinheiro a juro barato e engenhos centrais, a chamada *grande propriedade* exige fretes de estrada de ferro à sua conveniência, exposições oficiais de café, dispensa de todo e qualquer imposto direto, imigração asiática, e uma lei de locação de serviços que faça do colono, alemão, ou inglês, ou italiano, um escravo branco. Mesmo a população nacional tem que ser sujeita a um novo recrutamento agrícola, para satisfazer diversos *clubs*, e, mais que tudo, o câmbio, por uma falência econômica, tem que ser conservado tão baixo quanto possível, para o café, que é pago em ouro, valer mais papel.

Também, a horrível usura, de que é vítima a lavoura em diversas províncias, sobretudo no Norte, é a melhor prova do mau sistema que a escravidão fundou, e do qual dois característicos principais — a extravagância e o provisório — são incompatíveis com o crédito agrícola que ela reclama. "A taxa dos juros dos empréstimos à lavoura pelos seus correspondentes" é o extrato oficial das informações prestadas pelas presidências de província em 1874, "regula em algumas províncias de 7 a 17%; em outras sobre de 18 a 24%", e "há exemplo de se cobrar a de 48 e 72 anualmente!" Como não se pretende que a lavoura renda mais de 10% e toda ela precisa de capitais a juro, essa taxa quer simplesmente dizer — a bancarrota. Não é, por certo, essa a classe que se pode descrever em estado próspero e florescente, e que se pode chamar rica *

Organização política

Entre as forças cuja aparição ela [a escravidão] impediu está a opinião pública, a consciência de um destino nacional. Não há, com a escravidão, essa força poderosa chamada opinião pública, ao mesmo tempo alavanca e o ponto de apoio das individualidades que representam o que há de mais adiantado no país. A escravidão, como é incompatível com a imigração espontânea, também não consente o influxo das idéias novas. Incapaz de invenção, ela é, igualmente, refratária ao progresso. Não é dessa opinião pública que sustentou os negreiros contra os Andradas, isto é, da soma dos interesses coligados que se trata, porque essa é uma força bruta e inconsciente como a do número por si só. Duzentos piratas valem tanto quanto um pirata, e não ficarão valendo

---

* Extraído de: Influências sociais e políticas da escravidão. In: *O abolicionismo*. p. 153-63 (Obras Completas, v. 7).

mais se os cercarem da população toda que eles enriquecem e da que eles devastam. A opinião pública, de que falo, é propriamente a consciência nacional, esclarecida, moralizada, honesta e patriótica; essa é impossível com a escravidão, e desde que apareça, esta trata de destruí-la.

É por não haver entre nós essa força de transformação social, que a política é a triste e degradante luta por ordenados, que nós presenciamos; nenhum homem vale nada, porque nenhum é sustentado pelo país. O presidente do Conselho vive à mercê da Coroa, de quem deriva a sua força, e só tem aparência de poder quando se o julgam um lugar-tenente do Imperador e se acredita que ele tem no bolso o decreto de dissolução, isto é, o direito de eleger uma Câmara de apaniguados seus. Os ministros vivem logo abaixo, à mercê do presidente do Conselho, e os deputados no terceiro plano, à mercê dos ministros. O sistema representativo é, assim, um excerto de formas parlamentares num governo patriarcal, e senadores e deputados só tomam a sério o papel que lhes cabe nessa paródia da democracia pelas vantagens que auferem. Suprima-se o subsídio e forcem-nos a não se servirem da sua posição para fins pessoais e de família, e nenhum homem que tenha o que fazer se prestará a perder o seu tempo em tais *skiamaxiai,* em combates com sombras, para tomar uma comparação de Cícero.

Ministros, sem apoio na opinião, que ao serem despedidos caem no vácuo; presidentes do Conselho que vivem, noite e dia, a perscrutar o pensamento esotérico do Imperador; uma Câmara cônscia da sua nulidade e que só pede tolerância; um Senado, que se reduz a ser um pritaneu; partidos que são apenas sociedades cooperativas de colocação ou de seguro contra a miséria. Todas essas aparências de um governo livre são preservadas por orgulho nacional, como foi a dignidade consular no Império Romano; mas, no fundo, o que temos é um governo de uma simplicidade primitiva, em que as responsabilidades se dividem ao infinito, e o poder está concentrado nas mãos de um só. Este é o chefe do Estado. Quando alguém parece ter força própria, autoridade efetiva, prestígio individual, é porque lhe acontece, nesse momento, estar exposto à luz do trono: desde que der um passo, ou à direita ou à esquerda, e sair daquela réstia, ninguém mais o divisará no escuro.

Foi isso que a escravidão, como causa infalível de corrupção social, e pelo seu terrível contágio, reduziu a nossa política. O povo como que sente um prazer cruel em escolher o pior, isto é, em rebaixar-se a si mesmo, por ter consciência de que é uma multidão heterogênea, sem disciplina a que se sujeite, sem fim que se proponha. A municipalidade da corte, do centro da vida atual da nação toda, foi sempre eleita por esse princípio. Os *capangas* no interior, e nas cidades os *capoeiras*, que também têm a sua flor, fizeram até ontem das nossas eleições o jubileu do crime. A faca de ponta e a navalha, exceto quando a baioneta usurpava essas funções, tinham sempre a maioria nas urnas. Com a eleição direta, tudo isso desapareceu na perturbação do primeiro momento, porque houve um ministro de vontade, que disse aspirar à honra de ser derrotado nas eleições. O Sr. Saraiva, porém, já foi canonizado pela sua abnegação; já tivemos bastantes ministros--mártires para formar o hagiológio da reforma, e ficou provado que nem mesmo é preciso a candidatura oficial para eleger câmaras governistas. A máquina eleitoral é automática, e, por mais que mudem a lei, o resultado há de ser o mesmo. O *capoeira* conhece o seu valor, sabe que não passam tão depressa como se acredita os dias de Clódio, e em breve a eleição direta será o que foi a indireta: a mesma orgia desenfreada a que nenhum homem decente devera, sequer, assistir.

Autônomo, só há um poder, entre nós, o poder irresponsável; só esse tem certeza do dia seguinte; só esse representa a permanência da tradição nacional. Os ministros não são mais que as encarnações secundárias, e às vezes grotescas, dessa entidade superior. Olhando em torno de si, o Imperador não encontra uma só individualidade que limite a sua, uma vontade, individual ou coletiva, a que ele se deva sujeitar: nesse sentido ele é absoluto como o Czar e o Sultão, ainda que se veja no centro de um governo moderno e provido de todos os órgãos superiores, como o parlamento, que não têm a Rússia nem a Turquia, a supremacia parlamentar, que não tem a Alemanha, a liberdade absoluta da imprensa, que muito poucos países conhecem. Quer isso dizer, em vez de soberano absoluto, o Imperador deve antes ser chamado o primeiro ministro permanente do Brasil. Ele não comparece perante às Câmaras, deixa grande latitude, sobretudo em matéria de finanças e legislação, ao gabinete; mas nem um só dia perde de vista a marcha da administração, e nem deixa de ser o árbitro dos seus ministros.

Esse chamado *governo pessoal* é explicado pela teoria absurda de que o Imperador corrompeu um povo inteiro; desmoralizou por meio de tentações supremas à moda de Satanás, a honestidade dos nossos políticos; desvirtuou, intencionalmente, partidos que nunca tiveram idéias e princípios, senão como capital de exploração. A verdade é que esse governo é o resultado, imediato, da prática da escravidão pelo país. Um povo que se habitua a ela não dá valor à liberdade, nem aprende a governar-se a si mesmo. Daí, a abdicação geral das funções cívicas, o indiferentismo político, o desamor pelo exercício obscuro e anônimo da responsabilidade pessoal, sem a qual nenhum povo é livre, porque um povo livre é somente um agregado de unidades livres: causas que deram em resultado a supremacia do elemento permanente e perpétuo, isto é, a monarquia. O Imperador não tem culpa, exceto, talvez, por não ter reagido contra essa abdicação nacional, de ser tão poderoso como é, tão poderoso que nenhuma delegação da sua autoridade, atualmente, conseguiria criar no país uma força maior que a Coroa *.

(...) Que a ação individual do Imperador foi empregada, sobretudo depois de 1845 até 1850, em favor da supressão do Tráfico, resultando naquele último ano nas medidas de Eusébio de Queirós, e de 1866 a 1871 em favor da emancipação dos nascituros, resultando nesse último ano na lei Rio Branco, é um fato que o Imperador, se quisesse escrever Memórias e contar o que se passou com os diversos gabinetes dos dois períodos, poderia firmar historicamente com um sem número de provas. A sua parte no que se tem feito é muito grande, e quase a essencial, porquanto ele poderia ter feito o mesmo com outros homens e por outros meios, sem receio de revolução. O que eu digo porém é que se Dom Pedro II, desde que subiu ao trono, tivesse como norte invariável do seu reinado o realizar a abolição como seu pai realizou a Independência, sem exercer mais poder pessoal do que exerceu, por exemplo, para levar a Guerra do Paraguai até a destruição total do governo de López, a escravidão já teria a esta hora desaparecido do Brasil. É verdade que se não fosse o Imperador, os piores traficantes de escravos teriam sido feitos condes e marqueses do Império, e que Sua Majestade sempre mostrou repugnância pelo Tráfico e interesse pelo trabalho livre; mas comparado à soma do poder que ele ou exerce ou possui, o que se tem feito em favor dos escravos no seu reinado, já de quarenta e três anos, é muito pouco. Basta dizer que ainda hoje a capital do Império é um mercado de escravos! Veja-se por outro lado o que fez o Czar Alexandre II, dentro de seis anos de reinado. Não temos que nos incomodar com os que nos chamam contraditórios porque fazemos apelo ao Imperador sendo opostos, pelo menos na maior parte, ao *governo pessoal*. O uso do prestígio e da força acumulada que o Imperador representa no Brasil, em favor da emancipação dos escravos, seria no mais lato sentido da palavra expressão da vontade nacional. Com a

---

* Extraído de: Influências sociais e políticas da escravidão. In: *O abolicionismo*. p. 169-73 (Obras Completas, v. 7).

escravidão não há governo livre, nem democracia verdadeira: há somente governo de casta e regime de monopólio. As senzalas não podem ter representantes, e a população avassalada e empobrecida não ousa tê-los *.

Fatores de persistência e proposição dialética da potencialidade transformadora

Entre as forças em torno de cujo centro de ação o escravagismo fez o vácuo, por lhe serem contrárias, forças de progresso e transformação, está notavelmente a imprensa, não só o jornal, mas também o livro, tudo que diz respeito à educação. Por honra do nosso jornalismo, a imprensa tem sido a grande arma de combate contra a escravidão e o instrumento da propagação das idéias novas: os esforços tentados para a criação de um *órgão negro* naufragaram sempre. Ou se insinue timidamente, ou se afirme com energia, o pensamento dominante no jornalismo todo, do Norte ao Sul, e a emancipação. Mas, para fazer o vácuo em torno do jornal e do livro, e de tudo o que pudesse amadurecer antes do tempo a consciência abolicionista, a escravidão por instinto procedeu repelindo a escola, a instrução pública, e mantendo o país na ignorância e escuridão, que é o meio em que ela pode prosperar. A senzala e a escola são pólos que se repelem **.

(...) Em primeiro lugar (...) é preciso examinar se há no país forças capazes de lutar com a escravidão e de vencê-la. Vemos como ela possui o solo e por esse meio tem ao seu serviço a população do interior, que se compõe de moradores proletários, tolerados em terras alheias; sabemos que ela está senhora do capital disponível, tem à sua mercê o comércio das cidades, do seu lado a propriedade toda do país, e, por fim, às suas ordens uma clientela formidável de todas as profissões, advogados, médicos, engenheiros, clérigos, professores, empregados públicos; além disto a maior parte das forças sociais constituídas, e seguramente, dessas todas as que são resistentes e livres, sustentam-na quanto podem.

Por outro lado, é sabido que a escravidão, assim defendida, com esse grande exército alistado sob a sua bandeira, não está disposta a

---

* Extraído de: As promessas da "Lei de emancipação". In: *O abolicionismo*. p. 74, nota de rodapé (Obras Completas, v. 7).
** Extraído de: Influências sociais e políticas da escravidão. In: *O abolicionismo*. p. 168 (Obras Completas, v. 7).

capitular; não está mesmo sitiada, senão por forças morais, isto é, por forças que, para atuarem, precisam de ter um ponto de apoio dentro dela mesma, em sua própria consciência. Pelo contrário, é certo que a escravidão se oporá, com a maior tenacidade — e resolvida a não perder um palmo de terreno por lei — a qualquer tentativa do Estado para beneficiar os escravos.

Palavras vagas, promessas mentirosas, declarações inofensivas, tudo isso ela admite: desde, porém, que se trate de fazer uma lei de pequeno ou grande alcance direto para aqueles, o chacal há de mostrar as presas a quem penetrar no seu ossário.

Infelizmente para a escravidão, ao enervar o país todo, ela enervou-se também: ao corromper, corrompeu-se. Esse exército é uma multidão indisciplinada, heterogênea, ansiosa por voltar-lhe as costas; essa clientela tem vergonha de viver das suas migalhas, ou de depender do seu favor; a população, que vive nômada em terras de outrem, no dia em que se lhe abra uma perspectiva de possuir legitimamente a terra, em que se lhe consente viver como párias, abandonará a sua presente condição de servos; quanto às diversas forças sociais, o servilismo as tornou tão fracas, tímidas e irresolutas, que elas serão as primeiras a aplaudir qualquer renovação que as destrua, para reconstruí-las com outros elementos.

(...) Por tudo isso, o poder da escravidão, como ela própria, é uma sombra. Ela, porém, conseguiu produzir outra sombra, mais forte, resultado, como vimos, da abdicação geral da função cívica por parte do nosso povo: o governo. O que seja essa força, não se o pode melhor definir do que o fez, na frase já uma vez citada, o eloqüente homem de Estado que mediu pessoalmente com o seu olhar de águia o vasto horizonte desse pico — "o Poder é o Poder". Isso diz tudo. Do alto dessa fantasmagoria colossal, dessa evaporação da fraqueza e do entorpecimento do país, dessa miragem da própria escravidão, no deserto que ela criou, a casa da fazenda vale tanto quanto a senzala do escravo. Sem dúvida alguma, o Parlamento, no novo regime eleitoral, está impondo a vontade dos seus pequenos corrilhos, sobre os quais a lavoura exerce a maior coação: mas, ainda assim, o governo paira acima das Câmaras, e, quando seja preciso repetir o fenômeno de 1871, as Câmaras hão de se sujeitar, como então fizeram.

Essa é a força capaz de destruir a escravidão, da qual aliás dimana, ainda que, talvez, venham a morrer juntas. Essa força, **neste** momento, está avassalada pelo poder territorial mas todos vêem que um dia entrará em luta com ele, e que a luta será desesperada, quer peça a abolição imediata, quer peça medidas indiretas, quer queira suprimir a escravidão de um jato, ou somente, fechar o mercado de escravos.

A opinião pública, tal qual se está formando, tem influência e ação sobre o governo. Ele representa o país perante o mundo, concentra em suas mãos a direção de um vasto todo político, que estaria pronto para receber sem abalo a notícia da emancipação, se não fossem os distritos de café nas províncias de São Paulo, Minas e Rio de Janeiro, e assim é sempre impelido pela consciência nacional a afastar-se cada vez mais da órbita que a escravidão lhe traçou.

Por maior que seja o poder desta, o seu crédito nos bancos, o valor da sua propriedade hipotecada, ela está como o erro dogmático para a verdade demonstrada. Uma onça de ciência vale, por fim, mais do que uma tonelada de fé. Assim também o mínimo dos sentimentos nobres da humanidade acaba por destruir o maior de todos os monopólios dirigido contra ele. Sem atribuir força alguma metafísica aos princípios, quando não há quem os imponha, ou quando a massa humana, a que nós queremos aplicá-los, lhes é refratária, não desconto alto demais o caráter, os impulsos, as aspirações da Nação brasileira dizendo que todas as simpatias, desprezados os interesses, são pela liberdade contra a escravidão.

Todavia, é forçoso reconhecê-lo: a atitude relutante da única força capaz de destruir esta última, isto é, o governo, na medida, insignificante ainda, em que ele é acessível à opinião, e o progresso lento desta, não nos deixam esperar que se realize tão cedo o divórcio. Se não existisse a pressão abolicionista, todavia ele seria ainda mais demorado. O nosso esforço consiste, pois, em estimular a opinião, em apelar para a ação que deve exercer, entre todas as classes, a crença de que a escravidão não avilta somente o nosso país: arruína-o materialmente. O agente está aí, é conhecido, é o Poder. O meio de produzi-lo é, também, conhecido: é a opinião pública. O que resta é inspirar a esta a energia precisa, tirá-la do torpor que a inutiliza, mostrar-lhe como a inércia prolongada é o suicídio *.

---

* Extraído de: Receios e conseqüências — Conclusão. In: *O abolicionismo*. p. 187--91 (Obras Completas, v. 7).

3. PROPOSTA DE DIRETRIZES PARA A AÇÃO

3.1. CONFRONTO ENTRE ABOLICIONISMO E ESCRAVISMO DURANTE O ASCENSO POLÍTICO ABOLICIONISTA

Caracterização da conjuntura política — 1

Há apenas um mês que estou de volta ao Brasil e nesse curto espaço de tempo já assisti a duas fases diversas do movimento abolicionista. Logo à minha chegada eu lia em certos jornais que a corrente emancipadora havia sido efetivamente represada pelo antemural do Sr. Sousa Carvalho; dizia-se que o Partido Abolicionista tinha deixado de existir, e alguns atos de deplorável fraqueza do Ministério Lafayette, como as demissões do tenente-coronel Madureira e dos Srs. Sátiro Dias e Teodureto Souto, eram apontados como a prova de que o próprio governo se tornara o inimigo irreconciliável da agitação.

Hoje tudo parece ter mudado de repente com a subida do Ministério Dantas e este é publicamente acusado de ter levado a propaganda das ruas e dos jornais para o recinto do Parlamento e para o Paço de São Cristóvão! Se a essas duas fases de que fui testemunha eu juntar uma terceira, da qual tive notícias no estrangeiro, a da libertação do Ceará e do entusiasmo que esse grande acontecimento nacional espalhou pelo país todo, temos em muito pouco tempo três fases do movimento abolicionista que podem ser caracterizadas nos termos em que um célebre publicista distinguiu três diferentes épocas da nossa história constitucional, como: Ação, Reação e Transação. A Ação assinalada pela proclamação do Ceará como província de solo livre e pela repercussão estrondosa desse grito em todo o país e sobretudo nesta capital; a Reação acentuada pelo jornal do Sr. Sousa Carvalho e pela organização dos Clubes da Lavoura; e a Transação representada pelos projetos, ainda mais, pela linguagem do Ministério Dantas, pela renúncia motivada do Sr. Saraiva, e pela salutar agitação que torna, como se vê, nesta imponente reunião, a mover o espírito público.

Aponto essas fases para mostrar que a escravidão entrou em um período de flutuações de que não pode mais sair. Esse *pântano*, como ela tem sido tantas vezes chamada, deixou de ser terra firme e está sendo abalado por terríveis correntes subterrâneas. Não há homens nem instituições que lhe possam restituir a segurança e a firmeza que ele perdeu. Os que reclamam do governo que abafe aqui e ali as explosões que se produzem, não sabem que chão estão pisando; desconhecem que o Brasil todo se tornou uma vasta cratera. É do interesse da própria escravidão sair dessa incerteza e dessas terríveis oscilações de fortuna. Nenhuma indústria, nenhum emprego de capital pode prosperar em tais condições de *provisório permanente*. Dizem que fomos nós que desencadeamos sobre o país esse espírito que nós mesmos hoje não podemos conter. Mas não, não fomos nós que criamos esse espírito; foi ele que nos criou, o Sr. Andrade Figueira e outros escravagistas pedem ao governo medidas de repressão contra o abolicionismo; aconselham-lhe que entre em conflito com a Escola Politécnica e que inicie uma perseguição contra os funcionários suspeitos de sentimentos abolicionistas, contra a imprensa e as associações que juraram guerra de morte à escravidão. Esses, que esperam acabar com o movimento inutilizando para a luta estas e aquelas pessoas, mostram que não conhecem o país em que vivem e que não têm a mínima intuição do que se está passando a esta hora na consciência e no senso moral da Nação brasileira. Sim, senhores, a nossa força é sermos um partido impessoal. Somos uma idéia, uma causa, uma época. Para vencer-nos nesse combate seria preciso que o escravagismo pudesse repetir o milagre de Josué e fazer parar o sol! No dia da ação, porém, os nossos inimigos ver-se-iam abandonados pela retaguarda toda do seu exército — as suas próprias consciências.

A atualidade política

Não devo encobrir a satisfação que nos causa a marcha política do atual ministério e a firmeza de linguagem do presidente do Conselho. Parece que voltamos a 1871 e que de novo na direção dos negócios se acha um estadista resolvido a dar, na medida das suas idéias e dos seus receios, está visto, satisfação à máxima aspiração do país.

Antes, porém, de encarregar o Sr. Dantas de organizar o gabinete, o Imperador ouviu nada menos de três oráculos.

Ouviu o Sr. Sinimbu, que eu posso deixar de parte dizendo que ele falou a Sua Majestade a linguagem de um notâmbulo político, ainda não acordado do sono pesado do Congresso Agrícola de 1878.

Ouviu o Sr. Afonso Celso, o qual lhe disse que para tratar-se da emancipação era preciso primeiro acabar com o *deficit,* o que equivale a adiar indefinidamente a reforma, porque não há possibilidade de termos saldo real e muito menos em orçamentos que ele organizasse.

o Sr. Saraiva a Coroa fez mais do que ouvi-lo, encarregou-o de organizar um ministério. A recusa do Sr. Saraiva marca uma verdadeira época. S. Ex.ª recusou-se a organizar, por não lhe ser atualmente possível constituir um ministério capaz de resolver a questão do elemento servil.

Que maior triunfo para a nossa idéia do que essa afirmação solene do homem de maior prestígio no país — que o poder só é desejável hoje para a realização dessa grande reforma? *

Caracterização da conjuntura política — 2

Rio de Janeiro, 14 de agosto de 1884. — A situação política do Brasil passou, como se sabe, por uma transformação profunda com a organização do Ministério Dantas. Ao passo que os anteriores gabinetes ou se recusavam a tomar conhecimento da aspiração abolicionista do país, ou queriam captar as boas graças da opinião apenas com palavras de simpatia e de interesse pelo movimento libertador, o atual gabinete apresentou-se com um programa concreto, tangível, sério, de me-

---

* Extraído de: Conferência no Teatro Politeama, no Rio de Janeiro, a 22 de junho de 1884. In: *Conferências e discursos abolicionistas.* p. 225-7 (Obras Completas, v. 7).

didas contra a escravidão, condensando-as logo depois em um projeto de lei; entrou em conflito com a Câmara dos Deputados; obteve do Imperador a dissolução e está com a sua causa dependente neste momento do apelo à nação.

A importância que todos estes fatos têm para a marcha da abolição no Brasil é incalculável. O impulso vindo de cima, da região em torno do trono, tem num país centralizado como este uma força irresistível. O Sr. Dantas tornou-se dessa forma um benemérito da emancipação. O que ele fez não pode mais ser desfeito. A ação do governo como dez determina a ação do país como cem, como mil. A escravidão não se engana quando julga ferida mortalmente pelo projeto do ministério; mas não é a letra do projeto que a mata, é o espírito; não são as medidas propostas, é a intervenção do governo, nesta crise da instituição servil, a favor da liberdade; melhor ainda, não é propriamente a ação do governo, é a resistência que ela provoca, a intransigência com que é repelida, a reação impotente que se levanta.

Em 1871 o Brasil decretou que os filhos de escravas, fonte única da escravidão entre nós, nasceriam livres. Se eles seriam *ingênuos* ou *libertos* foi uma das grandes discussões do tempo e o direito romano foi esgotado para se provar, por um lado, que não podia ser *ingênuo* quem havia nascido de mãe escrava pela regra do antigo direito — *O parto segue o ventre*; e por outro — o que era argumento do bom senso — que não podia ser liberto quem nunca havia sido escravo. A sabedoria dos controversistas decidiu entretanto que os filhos das escravas nasceriam *ingênuos*, termo que ficou pertencendo exclusivamente a essa classe. Os *ingênuos* gozam de uma liberdade *sui generis* porque até aos 21 anos são praticamente cativos. Mas a simples modificação legal do estado de tantos milhares de crianças que de outra forma seriam tão escravos como os outros, foi um golpe profundo na escravidão. A lei de 28 de setembro não satisfaz as aspirações do país, mas os abolicionistas são unânimes em reconhecer que ela produziu uma nova ordem de coisas; que se não fosse ela, a situação dos escravos seria muito mais desesperada; e que eles não poderiam obter hoje senão o que obtiveram em 1871.

Mas, como disse, atualmente a lei Rio Branco está muito aquém do pensamento nacional. Essa lei tomou sob sua proteção as gerações futuras, mas deixou as existentes em cativeiro perpétuo, somente mitigado pelo direito de resgate. A consciência nacional não se satisfaz com tão pouco e pede que a sorte dos escravos seja atendida como foi a de seus filhos por nascer. Também o Brasil hoje tem uma compreensão diversa e mais racional da escravidão do que tinha em 1871. Quando se fez a lei Rio Branco, o país via dois únicos males na escravidão: a condição infeliz dos cativos, o mau conceito em que são tidos no mundo os países de escravos. Era uma preocupação, portanto, de sensibilidade e de suscetibilidade nacional. Hoje, porém, a nação está convencida de que a escravidão é a causa de todos os seus vícios políticos e fraquezas sociais; um obstáculo invencível ao seu progresso; a ruína das suas finanças; a esterilização do seu território; a inutilização para o trabalho de milhões de braços livres; a manutenção do povo em estado de absoluta e servil dependência para com os poucos proprietários de homens que repartem entre si o solo produtivo da parte do país que já foi apropriada à cultura.

Em 1871 o espírito liberal do país via a causa do mal-estar nacional no *Governo Pessoal* e fez explosão contra ele, fazendo brotar do chão o Partido Republicano; hoje, porém, se reconhece que o próprio *Governo Pessoal* — o qual consiste em exercer o Imperador enorme influência sobre os seus ministros, e em poder mudar as situações políticas à vontade, porque as eleições até aqui têm sempre dado razão aos ministérios que as dirigem — é uma criação negativa da escravidão. Mais ainda: o próprio Partido Republicano encarregou-se de provar o poder desta, porquanto tendo a monarquia descontentado — por causa da parte que se atribui ao Imperador em todos os movimentos do governo contra a escravidão — à grande propriedade territorial, ou melhor, humana, os republicanos não souberam resistir à sedução fatal de procurarem a clientela escravista, que a dinastia tinha passageira e involuntariamente alienado de si.

Pois bem, convencida como está a nação, de que a escravidão é o principal fator do seu atraso e em muitas partes do seu retrocesso, a lei de 28 de setembro não lhe basta mais, e daí os esforços que ela, na minoria, está claro, dos que se preocupam do futuro nacional, está fazendo para obter uma nova lei que encurte consideravelmente a duração semi-secular que aquela deixou à escravidão. Infelizmente esses esforços têm sido contrariados pela constituição presente do nosso Parlamento, por falta de iniciativa bastante da Coroa, pela obstinação intransigente das classes proprietárias e pela própria inércia do temperamento brasileiro. Explicar como se engendra e atua cada uma dessas quatro ordens de resistência, ativa ou passiva, é entrar no exame de todo o nosso sistema político e social.

A eleição direta censitária e por círculos de um só deputado, que foi obra — contra o antigo sistema de eleições indiretas ou de dois graus (*votante e eleitor*) — do Sr. Saraiva, deu à representação nacional um caráter diverso do que ela antes tinha. Apesar de serem os deputados os mesmos homens que dantes, membros quase todos de antigas Câmaras, o mandato que eles exercem é muito diverso, quanto à natureza das funções, e também quanto aos meios coercitivos do mandante, e às relações do mandatário com o governo. Hoje o deputado é um procurador das influências eleitorais do seu distrito junto do governo — do dia, se está de cima o seu partido; de amanhã, se este está esperando a sua vez. (...) As Câmaras da eleição indireta eram freqüentemente Câmaras unânimes ou quase. Os candidatos oficiais venciam todos. Como a fraude se havia generalizado, o candidato derrotado, ou em perigo de o ser, tinha sempre o recurso de redigir uma ata falsa de uma eleição imaginária, ata que a Câmara dos Deputados aprovava para ele tomar assento. Com a eleição direta não é assim; é verdade que só se fez uma experiência. A Câmara atual saiu das urnas com uma respeitável minoria conservadora. Num Parlamento tão restrito como o nosso, basta um pequeno desequilíbrio para mudar o eixo da política. Um partido que tiver uma minoria de trinta votos tem uma bela maioria; mas acontece que cada partido tem muitos chefes, aspirantes todos ao posto de presidente do Conselho e que, organize-se este ou aquele ministério, haverá na tal maioria de trinta pelo menos vinte e seis descontentes, imaginando que os quatro deputados-ministros saem daquele número. Ora, de vinte e seis descontentes nunca é difícil à oposição tomar uns quinze pela mão e levá-los como Satanás ao Cristo, ao alto da montanha, donde se descortinam os vastos campos do poder, com os seus horizontes ilimitados de empregos públicos, de patentes da guarda nacional, de baronatos e viscondados, a distribuir entre a numerosa clientela, de que cada deputado tem a desgraça de precisar.

A facilidade com que um punhado de votos derruba o ministério mais forte, fazendo causa comum com o outro partido, explica a importância que hoje cada deputado tem, isoladamente, para qualquer gabinete que não conte com a dissolução. Quando o gabinete tem certeza da dissolução, a dependência deixa de ser recíproca e torna-se absolutamente unilateral. Tanto a necessidade que tem o deputado de não afastar de si os eleitores — entre os quais por ser a eleição censitária a quase totalidade compõe-se de proprietários de escravos e da gente deles, — como a necessidade que tem o governo de não perder na Câmara um só dos votos do partido, concorreram poderosamente para que nenhum ministério liberal desta legislatura desse um passo na questão servil.

A constituição do nosso Parlamento enfeudado por enquanto ao monopólio territorial da escravidão, foi assim um dos obstáculos que a nação encontrou para realizar o seu maior desiderato.

Apontei também a falta de iniciativa da Coroa, mas esse é um ponto de extrema delicadeza, não tanto para um liberal, como sou, porque eu concilio perfeitamente as minhas idéias de restrição do poder pessoal com o apelo que repetidamente tenho feito ao Imperador para que use largamente da influência que adquiriu, e que exerceu, por exemplo, para continuar a Guerra do Paraguai até a destruição do último soldado de López, em uma missão infinitamente maior e melhor, para extinguir a escravidão pessoal na América; mas, dizia eu, a falta de iniciativa da Coroa é um ponto extremamente delicado para ser tratado não tanto pelo liberal, adversário do poder pessoal da Coroa, como pelo historiador desejoso de estudar as circunstâncias especiais de cada situação e de cada ano do reinado.

A oposição conservadora denuncia agora o Imperador como chefe da propaganda abolicionista; atribui o projeto Dantas à pressão imperial, e procura por todos os modos identificar a monarquia com o abolicionismo. Alguns republicanos — digo alguns porque hoje o Partido Republicano está assumindo na questão da emancipação uma atitude diversa, e a única atitude honesta para republicanos de convicção —, acreditam que os conservadores estão servindo à república com tais ataques contra a monarquia. É estranho que conservadores escravistas denunciem a instituição monárquica, primeiro por serem eles monarquistas; depois porque se a escravidão bem ou mal vive com a monarquia, ela não viveria um dia sequer com a república. Mas até certo ponto os conservadores estão inconscientemente preenchendo a sua função social de conservar, quando julgam estar aluindo. Essa legenda que a porção *conservadora* do partido criou em 1871, e que ela volta a produzir em 1884 — de que o governo não tem autonomia em nada do que propõe pela emancipação, que tudo é obra exclusivamente do Imperador —, é um esteio que os conservadores estão preparando para a própria monarquia, e com o qual eles mesmos hão de ampará-los no futuro.

Quando a instituição correr sérios perigos, esse será um dos títulos de benemerência que os conservadores hão de alegar a favor dela.

Então eles hão de procurar pôr do lado do trono os descendentes, por milhões, dos escravos que ele hoje é acusado de querer libertar à força.

Mas exatamente porque a dinastia há de tirar imenso benefício dessa legenda é que nós desejaríamos ver o Imperador convertê-la em realidade. Não há dúvida que de 1840 a 1850 o Imperador lutou constantemente pela supressão do tráfico, encontrando as maiores resistências; que de 1865 a 1871 ele fez grandes esforços pela libertação dos nascituros, e finalmente que em 1884 optou resolutamente — concedendo ao Ministério Dantas a dissolução da Câmara — pela liberdade dos escravos de 60 anos e outras medidas de emancipação lenta contra o imobilismo e a estagnação. Mas essa fé de ofício não se compara, por exemplo, à do Czar Alexandre II. Há quarenta e quatro anos que Dom Pedro II reina e a capital do Império, que se jacta de ser a primeira cidade da América do Sul, é ainda um mercado de escravos!

Depois de 44 anos de reinado estamos tratando de libertar os escravos de 60 anos, esses mesmos africanos de nascimento, importados nos navios negreiros e que a lei declarou livres em 1831!

"Se algum monarca absoluto", disse um dos maiores pensadores e o primeiro escritor da Inglaterra moderna, John Morley, "fosse tomado de uma resolução filantrópica de transformar a marcha de uma sociedade que parece achar-se à sua disposição, ele poderia, talvez, com a perseverança de uma vida inteira, conseguir lançar a sociedade em confusão permanente."

Pode-se talvez pretender que se o Imperador de 1840-50 quisesse limitar a escravidão não teria conseguido acabar com o tráfico; que se no longo sono da consciência nacional de 1850 a 1885, ele tivesse feito da emancipação o *pensamento do reinado*, não teria encontrado para acompanhá-lo ministros nem partidos e teria assim sido obrigado *a lançar a sociedade* (política) *em confusão permanente* para chegar aos seus fins, talvez sem êxito; que se depois da lei de 28 de setembro de 1871 até o presente, ele continuasse a instar pela supressão rápida da escravidão, em vez de deixar a opinião nacional formar-se e reclamar o que ele queria ver realizado em seus dias, a sua atitude poderia dificultar, em vez de apressar, a marcha do movimento, isolando-se e tornando-se suspeito, ele que, como auxiliar, de tanto serviço podia ser aos seus ministros.

Não sei como será planejada a justificação do Imperador; se no sentido que esbocei, se no espírito da hipocrisia e ficção constitucional, que não ele, mas os seus ministros, traçaram às linhas gerais da história do Brasil em todo o Segundo Reinado. Como quer que seja, a iniciativa do Imperador tem sido pelo menos intermitente. Pode dizer-se que em 1866 foi ousada, que de 40-50 foi decidida, mas dir-se-ia, também, que à medida que a idéia marchou ela retraiu-se, quem sabe se por não ter confiança na transformação rápida do trabalho e da sociedade de escrava para livre!

Diz-se que o Imperador deseja ver a escravidão acabada no Brasil no fim do século; mas o país espera que o jubileu do reinado, o que será muitas vezes chamado as bodas de ouro do trono atual com a nação, não se complete em 1890 sob a escravidão.

O problema hoje não é já abolir a escravidão no Brasil, mas em 18 províncias do Brasil. O Ceará tomou a iniciativa e inscreveu-se em primeiro lugar na lista das províncias de solo livre. Apenas a obra do Ceará estava completa, apareceu outra encarnação do mesmo espírito nacional no Amazonas, que também se libertou. Hoje que o Amazonas está livre, como que para mostrar a universalidade do movimento pelo Brasil, a maré abolicionista começa a subir no Rio Grande do Sul, na vizinhança do Prata. Depois do Rio Grande virá Santa Catarina, e assim por diante. Em pouco tempo teremos livres da escravidão tantas províncias quantas bastem para dar-nos a maioria no Parlamento. Em tais condições, a metade do Brasil livre não esperará pelo fim do século para ajustar as nossas leis, o nosso direito, o nosso estado social às exigências da civilização que proclama, pela voz do direito das gentes, que a escravidão é um crime contra a humanidade.

É possível que a desconfiança ou incerteza, que o Imperador ainda parece nutrir sobre a vitalidade do Brasil sem escravos, se desvaneça pouco a pouco e dê lugar a uma intuição mais otimista do organismo nacional. A falta, entretanto, de ação pronunciada, decidida, constante, do único poder autônomo e certo do dia de amanhã, que existe entre nós, tem sido *uma das condições desfavoráveis* que o movimento abolicionista tem encontrado. O que se tem feito, é devido, na máxima parte (porque é a Coroa e não o Parlamento nem a nação que sustenta entre nós os gabinetes reformistas) ao Imperador; mas o que *não* se tem feito, podendo-se fazer, sem inconveniente mas com vantagem, deve ser levado à mesma conta. Quando em uma nação, como acontece no Brasil, a força política inicial está concentrada nas mãos de um só homem, pela abdicação ou pela aquiescência tácita de todos, seja esse homem um Péricles ou um Pedro II, o que se faz e o que se não faz nesse regime de ditadura moral deve ser imputado à única realidade política existente.

Quanto à intransigência da propriedade e à inércia do temperamento nacional, são elementos que não basta apontar, que é preciso felizmente qualificar também. Não há dúvida que a resistência dos proprietários é enorme, mas a área em que ela se exerce está cada vez sendo mais limitada. Além disso, do seio da própria classe dos proprietários têm saído as mais eloqüentes condenações da escravidão nas libertações em massa que alguns têm feito dos seus escravos. As liberdades por testamento não podem ser consideradas grandes atos de generosidade desde que os senhores não têm a alternativa de levar os escravos consigo, mas as libertações em vida têm sido numerosas e desinteressadas.

No Ceará a população foi tomada do espírito da emancipação como de uma epidemia moral; o mesmo está acontecendo no Rio Grande do Sul. Mas apesar de todo esse movimento, a massa dos proprietários agrícolas continua a acreditar exclusivamente na escravidão, a repugnar o salário e a guardar as porteiras das suas fazendas fechadas à invasão das idéias novas por um cordão sanitário inquebrantável. É assim que a liberdade dos escravos de 60 anos, os inválidos do trabalho sem remuneração, os inúteis, e portanto os desprezados da fábrica humana das senzalas, é ressentida pela grande propriedade como se fosse a abolição instantânea, sem indenização. Desde que se propõe uma medida, ela rejeita-a sem sugerir uma alternativa. A alternativa única da escravidão é a imobilidade, o deixar-se a morte resolver por si o problema e reconciliar o Brasil com a civilização.

"Nenhuma comunhão cristã", escreveu Finlay, "aboliu jamais voluntariamente a escravidão. Em país algum em que prevaleceu deixou a escravidão rural de existir senão quando o preço dos produtos criados pelo trabalho escravo caiu tão baixo que não deixava lucro para o senhor de escravos."

O Brasil não fez exceção a esta regra; pelo contrário, a resistência à emancipação está na razão direta do valor do produto do braço escravo. Estamos no reinado do café e é o café que maiores embaraços levanta ao resgate dos escravos.

Apesar, entretanto, de todos esses obstáculos, a emancipação teve de novo a sua hora com o Ministério Dantas e afirmou o seu poder sobre a consciência do Imperador pelo ato patriótico da dissolução da

Câmara. Achamo-nos assim neste momento no centro de uma área de perturbação cuja extensão, intensidade, repercussão e estragos não se pode bem prever. As eleições vão ter lugar e o país vai pronunciar-se. O que provavelmente acontecerá quando se reunir a futura Câmara; como a eleição afetará a sorte dos partidos; que combinações hoje impossíveis tornar-se-ão de repente necessárias; é o que procurarei conjecturar na carta seguinte. Por hoje posso apenas dizer isto, que deve causar algum prazer aos amigos da humanidade e a quantos no Rio da Prata, esquecidos de rivalidades e ressentimentos, que a nova geração brasileira nem conhece, fazem votos pelo progresso e desenvolvimento desta vastíssima porção do continente americano: a nação, aconteça o que acontecer, não há de recuar um passo do marco firmemente assentado pelo atual ministério; para todos os fins da civilização brasileira e da redenção dos escravos interessados pela esperança na sorte do projeto, as medidas ou outras equivalentes, talvez mais, nunca menos, que os esclavagistas definem como o *pacto* da Coroa com o Sr. Dantas, acham-se tão seguramente adquiridas para o futuro nacional e para a transformação do Brasil-escravo em Brasil-livre, como se houvessem sido votadas pelo atual Parlamento *.

Prioridade do compromisso abolicionista sobre o político-partidário

É preciso honrar o procedimento que ontem tiveram na Câmara dois deputados conservadores; os Srs. Severino Ribeiro e Antônio Pinto. Eles fizeram o que até então não se havia contemplado em nossa política. Em todos os tempos se tinha visto entre nós deputados votarem contra gabinete do seu próprio partido por causa de uma idéia, mas não se tinha ainda visto deputados cujo voto era decisivo da sorte de uma situação votarem pela continuação no poder de um partido adverso porque se tratava de uma questão social. Qualificou-se de suicídio político o voto desses deputados: seria talvez um suicídio eleitoral se não se tratasse de duas províncias como o Ceará e o Rio Grande do Sul, em que para todos os partidos já deixou de ser um motivo de

---

* Extraído de: A crise da escravidão. Correspondência publicada a 23 de agosto de 1884 em *La Razón*, transcrita no *Jornal do Comércio*, de 11 de setembro de 1884. In: *Campanhas de imprensa*. p. 93-102 (Obras Completas, v. 12).

proscrição o ousar o homem público fazer profissão de fé abolicionista. Mas quando mesmo fosse um suicídio eleitoral, aquela nobre devotação à causa com a qual se identificam nunca seria para os dois ilustres deputados do Norte e do Sul um suicídio político. Politicamente eles subiram na opinião dos seus compatriotas, deram um exemplo fecundo de abnegação e de coragem, mostraram que serviam a idéia não com palavras somente mas com atos, e fizeram dar um grande passo à civilização do país. Isso só pode ser chamado suicídio político pelos que fecham os destinos nacionais no círculo estreito de uma mesquinha ambição pessoal.

(...) Sempre, em todas as situações imagináveis, o serviço da pátria pretere o serviço do partido. Isso nos países onde os partidos são organismos nacionais, quanto mais entre nós.

Procedendo assim os Srs. Ribeiro e Antônio Pinto, mesmo do ponto de vista estritamente partidário, fizeram o seu dever de homens de consciência. No futuro quando se quiser mostrar que o Partido Conservador, na sessão de 15 de julho de 1884, não estava completamente avassalado pela escravidão, é a conduta, verdadeiramente excepcional daqueles dois deputados, que há de ser lembrada. Essa certeza lhes deve bastar.

Mas esse procedimento mesmo atesta a força irresistível da corrente que nos arrasta todos para essa transformação necessária dos nosssos partidos atuais, a que entre outros aludiu no Senado o Sr. Cristiano Ottoni.

Depois da sessão de anteontem os moldes dos antigos partidos são insuficientes para a estátua que se trata de fundir, da pátria resgatada. Liberais, conservadores e republicanos acham-se hoje unidos para a mesma cruzada, pelo mesmo entusiasmo e pelas mesmas inspirações.

O patriotismo, isto é, o espírito público venceu na alma de todos eles o espírito de partido, que não era senão uma expansão do egoísmo e da preocupação pessoal.

Unidos para a luta antes da eleição, como não havemos de estreitar os nossos laços de lealdade e de união depois da vitória ou da derrota! No próximo parlamento não haverá outras bandeiras em campo senão a da emancipação e a da escravidão. Quando mesmo em torno desta última se reúnam três grandes províncias, Rio de Janeiro, São Paulo e Minas, e ela tenha por si a maioria da deputação, a outra ver-se-á cercada por um número considerável de adesões espontâneas e desinteressadas, e a escravidão terá os seus dias contados, porque não lhe seria possível durar sendo atacada diariamente por uma minoria de trinta a quarenta deputados empenhados em destruí-la. Não há propriedade que se possa manter em tais condições, e muito menos a do homem sobre o homem *.

Resposta à acusação de denegrir a imagem do país no exterior

Acusou-se-me de ter ido à Europa detrair do meu país; vejamos. Visitei quatro capitais apenas, Lisboa, Madrid, Londres e Paris.

(...) Também, senhores, não havia razão para eu esconder-me, nem fugir, nem calar-me. Eu não era criminoso sob a ameaça de extradição; não tinha feito mal algum à minha pátria, não estava envolvido em uma empresa que fosse vergonhosa confessar, pelo contrário. Estava lutando pela liberdade e pelo direito, estava promovendo uma grande medida humanitária, e era prestar um serviço assinalado ao nosso país mostrar ao mundo que se havia nele a escravidão, o que todos sabiam, havia também um partido abolicionista, o que quase todos ignoravam.

(...) O Brasil tinha há cinco anos no mundo a reputação de país retrógrado e fechado, sem elementos de agitação e de movimento, gozando de um feliz despotismo, como se supõe ser o nosso governo, e tendo por sua principal instituição a escravidão dos africanos. Essa reputação nós abolicionistas a temos modificado e estamos modificando do modo mais favorável. Há poucos dias líamos tanto no *Times* como no *Journal des Débats* artigos editoriais sobre o nosso país como por certo não seriam escritos se não tivesse havido o movimento abolicionista.

(...) Quando pois se me acusa de falta de patriotismo por ter usado da linguagem que usei tenho direito de estranhar a má fé ou a ignorância dos que me fazem tal acusação. Somos nós os abolicionistas que estamos revelando o Brasil à Europa e à América, isto é,

---

* Extraído de: Duas belas atitudes. Artigo publicado no *Jornal do Comércio*, a 17 de julho de 1884. In: *Campanhas de imprensa*. p. 28-9 (Obras Completas, v. 12).

que estamos destruindo a idéia que o mundo tem de nós por causa da escravidão.

(...) Diz-se, senhores, que para tornar o meu nome popular entre a *Anti-Slavery Society*, a célebre sociedade abolicionista de Londres, não duvidei difamar o Brasil. É sempre a mesma história, mas a verdade é muito diversa. Antes de partir para Londres eu já era muito conhecido da *Anti-Slavery Society*, já tinha recebido dela uma honrosíssima homenagem de agradecimento por um dos atos da minha carreira de que mais me prezo. Seria por ter denunciado algum crime da escravidão cometido por brasileiros? Não, senhores, foi por ter denunciado a maior conspiração que jamais houve neste país para privar os escravos da sua liberdade legalmente adquirida. Digo a maior conspiração porque como atentado público seria impossível descobrir-se coisa comparável à violação da lei de 7 de novembro de 1831 e à redução ao cativeiro de um milhão de africanos livres. Mas conspiração contra a liberdade, nunca houve em nosso país nada igual à que eu denunciei em 1880 da tribuna da Câmara. Quem eram os conspiradores? Seriam brasileiros? Não, senhores, foram ingleses.

Uma companhia inglesa de mineração no Brasil, a de S. João d'El Rei, comprou, em 1845, todos os bens de outra companhia também inglesa chamada de Catta-Branca, e entre esses bens estavam 384 escravos que ela se comprometeu a alforriar quatorze anos depois, isto é, em 1859. Pois bem, de 1859 a 1879, quando tomei a palavra na Câmara, esses homens legalmente livres ficaram todos, exceto os que morreram no cativeiro e estes em número de 262, mantidos em estado de escravidão pela companhia inglesa.

Não há fato semelhante em nossa história! Eu denunciei-o com todas as forças como um ultraje tanto ao nosso país como à Inglaterra, e foi essa denúncia, coroada pela liberdade dos que restavam daquele grande número de vítimas de uma conspiração sinistra, que a *Anti-Slavery Society* me agradeceu como um serviço à humanidade. Longe, pois, de captar-lhe as simpatias detraindo do meu país foi por uma acusação vigorosa e sem atenuação do procedimento de súditos ingleses, que mereci a estima daquela sociedade ilustre e desinteressada que trabalha pela causa da humanidade em todos os países e que tendo conseguido a liberdade dos escravos ingleses não descansou ainda, e continua a lutar para conseguir a dos escravos cubanos, brasileiros, egípcios e muçulmanos. Eu penso e sinto como ela; sou inimigo da escravidão de todas as partes do mundo, e muito mais do que em qualquer outra no meu próprio país. Não reconheço pátria à escravidão, fique isto bem claro, eu que peço que todos os escravos tenham uma pátria! *

Atividade político-pedagógica — 1

Senhores, a tese de que eu desejo mais especialmente ocupar-me hoje vem a ser — a impossibilidade de termos boas finanças durante a escravidão. Quando emprego a palavra *escravidão,* sirvo-me de um termo compreensivo — como é por exemplo em França a expressão Antigo Regime —, dos resultados do nosso sistema social todo, o qual é baseado sobre a escravidão. Diz-se e repete-se todos os dias que o Brasil é uma nação rica. A ser assim a escravidão teria, pelo menos, a vantagem de haver enriquecido o nosso povo e de deixar, quando acabasse, uma herança como a do Segundo Império em França, cujos panegiristas alegam sempre contra a perda da Alsácia-Lorena o incremento da riqueza pública.

Entretanto a verdade é que a escravidão tem sido a ruína do nosso país: do território e do povo. A nossa intitulada riqueza são três ou quatro gêneros tropicais, e no que concerne à escravidão, pode dizer-se, é o café. É da cifra da exportação que nos gabamos; mas que representa como riqueza nacional — quando a riqueza nacional é uma relação entre a produção e a população — essa cifra, digamos, de duzentos mil contos para um país de dez milhões de habitantes e com uma área como a nossa?

(...) Mas essa indústria única é o monopólio de uma classe também única.

Se a lavoura se bastasse a si mesma, se de tempo imemorial ela não se tivesse constituído em dívida insolvável para com o capital, — que entretanto não é outra coisa entre nós senão a economia que outras classes fazem dos gastos da lavoura; — se o fazendeiro não fosse, como realmente é, o empregado agrícola que o comissário ou o acionista de banco tem no interior para fazer o seu dinheiro render acima

---

* Extraído de: Terceira conferência, no Teatro Santa Isabel, no Recife, a 16 de novembro de 1884. In: *Conferências e discursos abolicionistas.* p. 317-28, passim (Obras Completas, v. 12).

de 12%, nós assistiríamos a este espetáculo: uma insignificante classe produtora opulenta, com uma pequena clientela mercenária e uma nação de proletários.

(...) O antigo fazendeiro trabalhava para o traficante que lhe fornecia escravos, como o atual trabalha para o correspondente ou para o banco que lhe adianta capitais.

(...) A lavoura, porém, não sustenta somente os que lhe emprestam dinheiro a altos juros (...) O Estado tem um aparelho especial chamado *apólice*, do qual os bancos são as ventosas, para sugar o que reste à lavoura de lucro líquido. Essas sobras ele as distribui pelo seu exército de funcionários, os quais por sua vez sustentam uma numerosa dependência de todas as classes. Temos assim que a lavoura, pelo pagamento de juros, pelo pagamento de serviços e pelos empréstimos incessantes que faz ao Estado, sustenta todo esse número imenso de famílias que absorvem a nossa importação e que pagam os impostos indiretos. Se o Estado, amanhã, fizesse ponto, ver-se-ia que ele tem estado a tomar os lucros da escravidão aos que produzem para distribuí-los entre os que ela impede de produzir. Não há assim incremento real da riqueza pública por acumulação e emprego do capital produzido. Há constante eliminação ou desperdício da riqueza. Isso é uma das conseqüências imediatas da escravidão. Onde ela tem tempo de completar sua obra, o que ela deixa após si é um país como foi descrita a Índia — *uma fazenda de proprietário estrangeiro e ausente*, a miséria, o prostíbulo, o proletariado, uma população sem direitos nem garantias, a fome e a seca.

● ● ●

Para fazer o balanço da escravidão como administração nacional, é preciso contrastar a vasta produção que ela obteve por meio de escravos com os lucros cessantes e os prejuízos reais que ela impôs ao país.

(...) Falo dos prejuízos diretos. Vede, por exemplo, o mau efeito do capital em mãos dos estrangeiros e pronto sempre a ser retirado do país à mínima desconfiança e hoje apenas represado pela *baixa do câmbio*. Vede o papel-moeda, auxiliar constante das finanças da escravidão, com as suas flutuações extraordinárias; e vede o funcionalismo. O Sr. Martinho Campos sempre que quer rebaixar os abolicionistas chama-lhes: empregados públicos. A profissão de empregado público, entretanto, é pelo menos tão digna como a profissão de senhor de escravos e no Brasil, onde a escravidão possui o monopólio da terra, impede as indústrias, e torna o comércio dependente da sua proteção, o funcionalismo é quase que a carreira única aberta aos homens de independência.

(...) Desse regime, senhores, resulta o orçamento a que chegamos e que hoje sobrecarrega o país. A cifra da despesa desse orçamento é já de 150.000:000$; e desses mais de metade são aplicados a despesas de guerra, cobrança de impostos e pagamento da dívida. Temos assim um desequilíbrio fatal entre a parte do orçamento que se refere ao passado, à vida que já vivemos. E como essa parte de obrigações não pode ser reduzida e a parte das necessidades morais e materiais vai crescendo sempre aceleradamente, chegamos a uma situação que só pode ser solvida por meios heróicos: ou por economias que signifiquem cortes profundos de despesas, ou por impostos que signifiquem aumento sensível de renda, ou ambos esses meios combinados. Mas nada disso é possível. A restrição da despesa não o é (...) A expansão da renda também não é possível, porque não há dinheiro no país. A classe única produtora — a lavoura — está aos pés do Estado implorando socorros, e declara que não pode pagar mais impostos.

(...) As nossas finanças são o resultado do regime servil que pesa sobre o país. É ele que depaupera o interior, as províncias, a população.

(...) Senhores, eu compreenderia que os libertos não trabalhassem. O escravo tem uma aspiração única, herdada de seus pais, aspiração intensa desde que ele tem consciência da sua posição e da de sua mãe, e pela qual ele sacrificaria tudo neste mundo — a liberdade.

Que há de extraordinário em no dia em que depois de uma vida inteira de sofrimento, de dor, de ansiedade, de silêncio, e de terror, ele se sente, sem a princípio acreditá-lo, livre como os outros homens, ele pense que completou a sua missão nesta vida, e que já viveu? Por ventura ensinaram-lhe a trabalhar voluntariamente, a compreender a dignidade do trabalho? Que irrisão!

Mas a verdade é que o liberto não se abandona na ociosidade à satisfação de ter deixado de ser escravo. A representação da Associação Comercial diz ao Parlamento:

"A verdade é que no Brasil, como por toda parte, o liberto é incompatível com um regime qualquer de economia e de ordem, de trabalho e de moralidade".

Por toda parte! Essa afirmação dogmática, senhores, é um falso testemunho levantado contra os resultados da emancipação do mundo.

(...) Quanto ao Brasil, onde estão as provas? Ninguém pretende que o escravo libertado continue a trabalhar como escravo no próprio lugar a que estão associadas todas as suas recordações da escravidão. Nem é a nossa tese que o trabalho voluntário do liberto seja possível *durante a escravidão*. O que nós dizemos é que uma vez extinta a escravidão, isto é, acabado o estigma revoltante, até agora impresso na fronte de todos os operários do país, os libertos hão de trabalhar por salário melhor do que trabalhavam como escravos.

(...) Quanto ao outro argumento: É preciso primeiro que os escravos sejam educados, eu perguntarei apenas: Educados! por quem? Ou por outra: Quem há de educar o fazendeiro?

(...) Quanto aos sociologistas, quanto a esses que entendem que a raça negra não está preparada para a liberdade; que a nossa população, os 11 milhões de habitantes que temos, não estão aptos para tomarem conta do próprio território, e querem a colonização estrangeira, o chim ou o europeu, como sucessor necessário dos elementos de trabalho nacional, responderei que, bem ou mal, quer isto agrade quer não agrade, o território do Brasil não está em leilão e pertence à raça que nele existe. O dever dos bons patriotas, dos que amam a *sua terra e a sua gente,* é procurar modificar o estado de coisas que existe e destruir os motivos que afastam a nossa população do trabalho e as causas que a impedem de trabalhar. Bem ou mal o Brasil é dos brasileiros, e é dos brasileiros, — que eles tenham estímulos e facilidades para o trabalho e a propriedade, — que o estadista deve cuidar como do seu primeiro dever.

(...) Senhores, com essa imbecilidade característica dos partidos reacionários, em toda parte do mundo o esclavagismo está dando-nos todos os dias argumentos terríveis contra si próprio.

Um destes argumentos é a exprobração que nos é tantas vezes feita: "Vós outros nada tendes que perder". Outro argumento, que repetem a todo momento, é que o Imperador está à frente da propaganda.

Se o Imperador estivesse à frente da propaganda, o esclavagismo não devia confessá-lo, isto é, se ele tem a peito os interesses da propriedade escrava. Só quem os não tenha tratará de assoalhar que o único poder que tem força real neste país, porque exatamente a escravidão acabou com os outros e só ele não pôde derribar, está à frente da propaganda.

Mas não temos semelhante general; se o tivéssemos não se estaria, depois de 43 anos de reinado, tratando de emancipar os escravos de 60 anos! É o contrário. Ainda que muito honrosamente para o Imperador, ele tenha procurado por diversas vezes limitar as expansões excessivas da escravidão, como as quis limitar durante o Tráfico, do que os contemporâneos, como por exemplo o Sr. Pereira da Silva, podem dar testemunho, e, mais tarde, durante a elaboração da lei de 28 de setembro de 1871; ainda que ele tenha querido limitar as expansões futuras da escravidão, o fato é que o Imperador como representante da monarquia tem sido involuntariamente o principal baluarte da escravidão neste país.

Com qualquer outra forma de governo menos conservadora, e menos dependente da grande propriedade existente, esse princípio já teria, naturalmente, desaparecido.

Por isso a escravidão devia ser profundamente reconhecida ao soberano, que se presta a servi-la como seu principal feudatário, que nomeia magistrados para lavrarem as sentenças que ela requer; que lhe garante o auxílio da força armada no caso de precisar ela desse recurso supremo *.

Atividade político-pedagógica — 2

Vós ouvis e sabeis que os sustentadores da escravidão não contam com a população nacional para coisa alguma fora da própria escravidão. A teoria deles é que o brasileiro não trabalha e portanto que é preciso importar elementos de trabalho, quanto mais servil melhor. A solução para eles do mal incurável do nosso povo é o imigrante! (...) Mas para atrairmos imigração natural e vivificante só temos um meio: fazermos do Brasil um país que os imigrantes queiram para sua

---

* Extraído de: Conferência no Teatro Politeama, no Rio de Janeiro, a 22 de junho de 1884. In: *Conferências e discursos abolicionistas*. p. 225-42, passim (Obras Completas, v. 7).

pátria e isso tornando-o antes de tudo uma pátria para os seus próprios filhos.

(...) Não, senhores, o recurso da imigração é muito importante, mas é secundário a perder de vista comparativamente a esse outro: o de vincular ao trabalho, o de transformar pelo trabalho, a nossa população toda. Se ela não trabalha é porque *não pode* ou porque *não quer*, e a nossa tarefa, é fazer que ela queira e que ela possa, criando a emulação que lhe falta, se é porque ela não quer, destruindo os obstáculos — *quaisquer que sejam* — que se lhe opõem, se é porque ela não pode *.

Atividade político-pedagógica — 3

A escravidão não é uma opressão ou constrangimento que se limite aos pontos em que ela é visível; ela espraia-se por toda parte; ela está onde vós estais; em nossas ruas, em nossas casas, no ar que respiramos, na criança que nasce, na planta que brota do chão...

Ela começou por ser um regime de trabalho agrícola. O europeu, transportado para este mundo virgem, procurou o braço do africano para tomar posse do território. Mas esse regime de trabalho agrícola, só podendo ser mantido pela supressão da natureza humana, precisava de cercar-se de proteções especiais e de viver num meio à parte, fechado e todo seu, e daí resultou um sistema territorial caracterizado pelo monopólio da terra e pela clausura dos trabalhadores. Tal sistema deu origem, nos seus interstícios e nas suas fendas apenas, à aparição e gradualmente ao crescimento de uma população livre, que nada tem que possa chamar seu, sem um palmo de terra que possa cultivar por sua conta, miserável e dependente no mesmo grau que o escravo.

Eis aí a escravidão agrícola e territorial.

Mas como se vê, com uma instituição que possui o solo, o trabalho agrícola e a população livre, o mal não podia circunscrever-se: a escravidão, de sistema agrícola e territorial, tornou-se um regime social e estendeu-se por toda parte. Com efeito, senhores, havendo uma só classe que produz neste país, todas as outras são tributárias dela e daí

---

* Extraído de: Primeira conferência no Teatro Santa Isabel, no Recife, a 12 de outubro de 1884. In: *Conferências e discursos abolicionistas*. p. 253-4 (Obras Completas, v. 7).

um sistema social que se expressa desta forma: — um país de algumas famílias transitoriamente ricas e de dez milhões de proletários.

Desse regime social [Escravidão], nasceu fatalmente a política negativa que nos abate, porque ficamos sem povo. A escravidão não consentiu que nos organizássemos e sem povo as instituições não têm raízes, a opinião não tem apoio, a sociedade não tem alicerces. Sim, senhores, os poderes políticos deste país nunca exprimiram, nem podem exprimir, a vontade nacional, porque esta não existe. Não podem exprimir a consciência da nação brasileira, porque essa consciência está ainda com muitos poucos e não está formada; eles exprimem tão-somente a perpetuidade e a tradição do único poder independente que há entre nós, a monarquia (. . .)

(. . .) Em tal regime, o que conseguem reformas políticas? Muitas têm sido tentadas, algumas feitas; mas com que resultado?

As reformas políticas exprimem em nosso país cinqüenta anos de esperanças populares atraiçoadas.

Fez-se por exemplo uma reforma eleitoral, elevando-se o censo, no intuito de obter uma manifestação mais sincera e mais verídica da vontade nacional; e o resultado foi que o Parlamento converteu-se num verdadeiro congresso agrícola; foi que, por alguns lugares dados às cidades que representam a inteligência e a intuição nacional, cem foram dados em penhor à escravidão, entregues ao monopólio territorial. Como poderia haver eleições livres no interior, onde a lei não é respeitada nem cumprida, onde não há justiça, onde um júri de analfabetos funciona sob a pressão da lei de Lynch, onde a população livre está na mais absoluta dependência daqueles que só lhe permitem viver, sem o mais leve traço de dignidade e independência pessoal, nos feudos que possuem?

Fez-se a abolição do recrutamento; queria-se libertar a população da ameaça de servir no exército, (. . .) mas esses mesmos que pediram a extinção do recrutamento por ser uma perseguição contra a população livre do interior, são os que estão pedindo uma nova espécie de recrutamento — o serviço obrigatório da enxada!

Pela reforma eleitoral se quis afastar da política a magistratura, e ela tornou-se mais política do que nunca.

Tudo isso mostra que entre nós as reformas políticas não têm base e portanto não têm ainda razão de precedência, e que as reformas de que imediatamente necessitamos são reformas sociais que levantem o nível do nosso povo (. . .)

A escravidão produziu, como sistema financeiro, um orçamento colossal, muito superior às nossas forças, e que se apóia sobre quatro pilares, cada qual mais carcomido: a apólice que nunca se amortiza, a dívida externa que se agrava com o câmbio, o papel-moeda que sempre se deprecia, e um *deficit* colossal e crescente que nada pode encher.

(...) Não é só porque importa um verdadeiro epigrama essa Constituição, dita livre, em um país em que existem mais de um milhão de escravos; não é só porque a escravidão é contrária a todos os princípios de humanidade, que convém antes de tudo efetuar a abolição desse estado legal violento; é porque enquanto não o fizerdes não tereis formado para vós e para vossos filhos uma *pátria,* não tereis aberto campo à atividade da população livre do interior, a qual vive num verdadeiro subterrâneo moral.

Sim, senhores, precisamos, muito mais do que de reformas políticas, de reformas sociais, sobretudo de duas grandes reformas: a abolição completa, civil e territorial, da escravidão, que é o meio da integração da nossa Pátria, e o derramamento universal da instrução.

Eis a razão pela qual abandonei no Parlamento a atitude propriamente política para tomar a atitude do reformador social.

(...) Essa mesma reforma eleitoral feita pelo Sr. Saraiva (apesar de ser deputado da maioria, três vezes votei em questão de confiança contra o gabinete que não queria ampliar a lei) passou contra meu voto não tanto porque ela alterava fundamentalmente a Constituição, suprimindo o votante e começando do eleitor, não tanto por isso como por ser uma tentativa para fazer retroceder o curso da democracia entre nós e proclamar a política de desconfiança contra o povo, que eu quero ver de todos os modos elevado na sua própria estima e aos nossos olhos, e educado na escola de todos os direitos e da mais completa igualdade.

(...) Não sei se vos tem acontecido cotejar o que diz um defensor da escravidão com o que pensa outro. Sabeis o que eles querem? Eles querem... Nada. Não há nada absolutamente que eles aceitem. Eles não aceitam nem a liberdade dos escravos de sessenta anos, nem o imposto sobre a propriedade escrava; eles aceitam somente um plano que tenho ouvido mais de uma vez formular assim: — Emancipação imediata com indenização.

Um notável escritor francês, — ao citá-lo devo dizer que a república em França tem desmentido a sua definição que se tornou célebre, — o Sr. Weiss, definiu a república conservadora da seguinte forma: "A república conservadora é uma tolice".

Senhores, a emancipação imediata com indenização é uma tolice.

Não temos meios para preencher o nosso *deficit* anual: onde é que iremos buscar 300 ou 600 mil contos para resgatar os escravos?

Eu disse uma vez ao Sr. Saraiva:

> "Não me oponho a que vós, se fordes governo, indenizeis a cada senhor de escravo com uma apólice de conto de réis, mas acho que isso seria iludir a boa fé dos proprietários. Tais apólices não seriam pagas".

Como lançar semelhante peso sobre os ombros da sociedade brasileira?

Entretanto proclamado o direito de indenização, os escravos, para serem livres, teriam que esperar que as finanças do Brasil se consertassem? Eles podem viver muito tempo; mas não viverão tanto que vejam as finanças da escravidão restauradas.

As finanças, que estão em bancarrota na província e no Império, são as finanças da escravidão, e essas durante a escravidão nunca se hão de restaurar.

Admitindo o princípio de que o Estado deva uma indenização pelo escravo, o que se deve seguir? Que o Estado, não tendo com que pagá-la, fique em dívida ou obrigação para com o senhor e não que deixe o escravo nas mãos dele como penhor de um devedor falido ao credor inexorável.

Não há nada que nos obrigue a continuar uma prática reputada criminosa pelo mundo inteiro, somente porque não temos dinheiro para desapropriá-la.

"A França, disse-se uma vez, é bastante rica para pagar a sua glória". Senhores, o Brasil não é bastante rico para pagar o seu crime!

(...) O projeto Dantas espalhou imensa esperança sobre este país e esta esperança terá forças para impedir que a queiram resolver por uma decepção tremenda. Não, não está no poder de quarenta ou cinqüenta mil eleitores deter o curso de uma onda de dez milhões de homens que clamam pela liberdade do trabalho. O censo pode ser alto, mas não será alto bastante para impedir que passe por cima dele a torrente, que vai tudo nivelando, da consciência nacional.

O que pode acontecer é que com a emancipação siga também o sufrágio universal, ou que um grave abalo social venha realizar aquilo que podeis fazer por vossa livre vontade.

O Partido Liberal chamou afinal a si essa grave tarefa.

Reconhecendo-o, senhores, rendo homenagem ao partido que assumiu o nome de liberal, por ter assim justificado o seu nome, e devo render-lhe homenagem, porque combati cinco anos os chefes desse partido para fazê-los abraçar a reforma, que eu julgava dever ser o ponto de partida de qualquer movimento liberal — a igualdade social do nosso povo.

(...) Dizem que somos os que não têm o que perder. (...) Sabeis por que isso não nos ofende? (...) Porque somos dez milhões de brasileiros, a nação inteira, "Os que nada têm que perder" *.

Atividade político-pedagógica — 4

O período atual não é de conservação, é de reforma, tão extensa, tão larga e tão profunda que se possa chamar revolução; de uma reforma que tire este povo do subterrâneo escuro da escravidão onde ele viveu sempre, e lhe faça ver a luz do século XIX. Sabeis que reforma é essa? É preciso dizê-lo com a maior franqueza: é uma lei de abolição que seja também uma lei agrária.

Não sei se todos me compreendeis e se avaliais até onde avanço neste momento levantando pela primeira vez a bandeira de uma lei agrária, a bandeira da constituição da democracia rural, esse sonho de um grande coração, como não o tem maior o Abolicionismo, esse profético sonho de André Rebouças.

Pois bem, senhores, não há outra solução possível para o mal crônico e profundo do povo senão uma lei agrária que estabeleça a pequena propriedade, e que vos abra um futuro, a vós e vossos filhos, pela posse e pelo cultivo da terra. Esta congestão de famílias pobres, esta extensão de miséria — porque o povo de certos bairros desta capital não vive na pobreza, vive na miséria — estes abismos de sofrimento não têm outro remédio senão organização da propriedade da pequena

---

* Extraído de: Segunda conferência no Teatro Santa Isabel, no Recife, a 1.º de novembro de 1884. In: *Conferências e discursos abolicionistas*. p. 270-80, passim (Obras Completas, v. 7).

lavoura. É preciso que os brasileiros possam ser proprietários de terra e que o Estado os ajude a sê-lo.

(...) O que pode salvar a nossa pobreza (...) é o cultivo da terra, é a posse da terra que o Estado deve facilitar aos que quiserem adquiri-la, por meio de um imposto — o imposto territorial. É desse imposto que nós precisamos principalmente, e não de impostos de consumo que vos condenam à fome, que recaem sobre as necessidades da vida e sobre o lar doméstico da pobreza. A Constituição diz: "Ninguém será isento de contribuir para as despesas do Estado em proporção dos seus haveres". Pois bem, senhores, ninguém neste país contribui para as despesas do Estado em proporção dos seus haveres. O pobre carregado de filhos paga mais impostos ao Estado do que o rico sem família. É tempo de cessar esse duplo escândalo de um país nas mãos de alguns proprietários que nem cultivam suas terras, nem consentem que outros as cultivem, que esterilizam e inutilizam a extensão e a fertilidade do nosso território; e de uma população inteira reduzida à falta de independência que vemos.

(...) Eu, pois, se for eleito, não separarei mais as duas questões, — a da emancipação dos escravos e a da democratização do solo. Uma é o complemento da outra. Acabar com a escravidão, não nos basta; é preciso destruir a obra da escravidão *.

Atividade político-pedagógica — 5

Da escravidão à organização poderosa do trabalho como eu a vi nas ligas e associações de operários e artistas em toda a Europa, vai a distância que separa os organismos rudimentares do começo da escala animal dos organismos inteligentes e livres que a terminam. É somente pela educação do espírito como do caráter, da inteligência como da vontade, que o operário, o artista brasileiro pode perder de vista a sua condição atual para chegar à altiva posição do artista e do operário de outros países onde o trabalho tem consciência da sua força. Instituições como esta são um ensaio de educação, um começo de independência, um rudimento de associação e um germe fecundo de liberdade.

---

* Extraído de: Discurso na Praça de S. José de Riba-Mar, no Recife, a 5 de novembro de 1884. In: *Conferências e discursos abolicionistas.* p. 285-6 (Obras Completas, v. 7).

O abolicionismo, senhores, não é simplesmente a emancipação dos escravos (...) No Ceará, no Amazonas, não há mais escravos, mas a escravidão ainda não desapareceu dessas províncias. Acabar com a escravidão é obra de tempo e perseverança. Os que temos em nós tendências de senhor, os que temos fraquezas de escravos — e a massa da população brasileira composta de descendentes ou de senhores ou de escravos, e em grande parte de senhores que foram escravos, tem os vícios combinados dos dois tipos, o senhor e o escravo, tipos que aliás formam um só porque em geral o escravo é um senhor a quem só falta o escravo e o senhor é um escravo a quem só falta o dono — os que temos, dizia eu, um desses vícios ou todos eles, devemos pelo **exame** da nossa consciência e pelo uso da nossa firmeza esclarecida vencer e dominar qualquer desses tristes legados da escravidão. (...) A liberdade sem o trabalho não pode salvar este país da bancarrota social da escravidão, nem tão pouco merece o nome de liberdade: é a escravidão da miséria *.

Atividade político-pedagógica — 6

Falo, hoje, no bairro da riqueza do Recife, como domingo passado falei no bairro da miséria. Seja-me permitido dizer que essa riqueza não parece digna de entusiasmo ou admiração a quem contemplou a riqueza dos povos livres, a quem descobre o contraste das duas e sabe que este simples simulacro de opulência, com que nos querem deslumbrar, não exprime senão a miséria e o aviltamento da nação brasileira, não é senão uma forma ainda dessa pobreza a que estão fatalmente condenadas as nações que não trabalham, mas que fazem trabalhar!

(...) O país chegou ao extremo da sua força taxativa; os impostos não podem ser aumentados. O nosso orçamento tomou proporções colossais, que assentam, como eu já disse, sobre estes quatro pilares carcomidos: a apólice, a dívida externa, o papel-moeda, o *deficit*.

Como podeis remediar semelhante situação? Os impostos não podem ser elevados, a dívida não pode ser reduzida; as províncias vão caindo em bancarrota, uma após outras; o nosso crédito, essa fonte de confiança que parecia inesgotável no estrangeiro, está começando a ser

---

* Extraído de: Discurso na Sessão Magna do Montepio Pernambucano, a 9 de novembro de 1884. In: *Conferências e discursos abolicionistas*. p. 291-2 (Obras Completas, v. 7).

afetado, e já se descobriu que, há muito tempo, nós pagamos as nossas dívidas com os empréstimos que fazemos!

Nestas condições, pergunto se as finanças da escravidão (porque são as finanças da escravidão), as finanças de uma classe única, exclusiva detentora da riqueza nacional e senhora do Parlamento; duma classe que entendia que este país era rico bastante para realizar os sonhos de todos os especuladores, não chegaram a um estado de bancarrota adiada dia a dia com expedientes de empréstimo, e se todos não sentem que uma catástrofe pende sobre o crédito público, catástrofe que só poderia talvez ser obviada por um sacrifício colossal de todos nós — mas sacrifício que o regime atual, que a presente direção e organização da sociedade não nos levaria por certo a fazer, porque seria em pura perda, e os abusos, crimes e excessos recomeçariam no dia seguinte *.

Atividade político-pedagógica — 7

Meus Senhores,

Sinto que a Associação Comercial me tenha recusado sob o fundamento de que não é associação política o privilégio que eu reclamava de fazer esta conferência nos seus salões, isto é, de dizer o que tinha que dizer aos eleitores deste bairro comercial do Recife na sede oficial do comércio pernambucano.

(...) Com efeito, não é mais preciso mostrar como a escravidão entorpece, limita, paralisa e arruína o comércio. Se o que o comércio do Recife tem em vista é o interesse destas e daquelas firmas em relações com estes e aqueles senhores de engenho, a questão é muito diversa, mas nenhuma classe tem o direito de impedir o progresso do país em nome das transações que fez e dos lucros pendentes. Não se tem o direito de alegar um interesse particular de ordem pecuniária contra o interesse público de ordem moral. Mas se o comércio tem em vista o desenvolvimento do próprio comércio, a estabilidade das transações, a consolidação do crédito, a prosperidade e a riqueza da comunhão de que ele é por assim dizer o aparelho circulatório, seria

---

* Extraído de: Discurso na Passagem da Madalena, no Recife, a 16 de novembro de 1884. In: *Conferências e discursos abolicionistas*. p. 348-53, passim (Obras Completas, v. 7).

quase perder tempo insistir que a escravidão é o seu maior inimigo, a causa da sua decadência e da sua apatia.

(...) Vede outro ramo do comércio, o de consumo, e para simplificar tomemos indistintamente o de importação e o de retalho. Do que é que precisa todo o comércio que vive de vender para o país e não de comprar para o estrangeiro? Precisa, está visto, de aumentar as suas transações, de vender em larga escala e com as maiores facilidades possíveis. A tudo isso a escravidão se opõe, porque ela é inimiga do comércio, não o quer dentro das suas porteiras, vê nos únicos agentes dele que entram em contato com as suas *fábricas,* o mascate e, mais recentemente, o vendeiro, um aliciador de escravos, um cúmplice de furtos. Além disso, a escravidão restringe o dinheiro a poucas mãos que o vem derramar na cidade, é certo, e isso impede a formação de pequenos centros de comércio no interior, outros tantos meios de desenvolver e multiplicar as relações comerciais; ao passo que pelo caráter mesmo do sistema escravista grande parte do capital produzido pelo escravo está condenado a ser exportado, ou como lucros de estrangeiros, ou como despesa de brasileiros ricos na Europa. Tudo isso, senhores, diminui as oportunidades e impede o crescimento do comércio, que precisa sobretudo de que todos os brasileiros sejam seus consumidores, e consumidores diretos, e que veria pela emancipação multiplicar-se o número destes por toda a população que pudesse viver do seu trabalho *.

Atividade político-pedagógica — 8

Artistas pernambucanos,

Eu não podia deixar encerrar-se a campanha eleitoral neste distrito sem dirigir-me especialmente a vós, que, não pelo que sois, mas pelo que deveríeis ser e estais destinados a ser, representais a principal força política moderna, a soberania do trabalho. Digo — não pelo que sois — porque infelizmente o desenvolvimento das classes operárias tem sido retardado entre nós pela escravidão de modo a não serdes ainda hoje senão uma fração pequena, quase insignificante, do eleitorado das cidades, no Recife como na Bahia e no Rio.

---

* Extraído de: Discurso no Largo do Corpo Santo, no Recife, a 28 de novembro de 1884. In: *Conferências e discursos abolicionistas.* p. 360-3, passim (Obras Completas, v. 7).

Eu vejo que os candidatos contrários recomendam-se quase sempre ao comércio e à lavoura como se neste país quem não tem negócio ou não possui terras não merecesse em eleições a honra de ser mesmo lembrado. Vós sabeis que, para eles, o comércio são os grandes negociantes de açúcar, e a lavoura não compreende os cultivadores, mas somente os proprietários do solo. Mesmo nas capitais não há recomendação igual à de candidato dessa aristocracia do comércio e da lavoura, dois aliados que em tempo de paz se detestam e não cessam de mostrar a má opinião que um tem do outro. Pois bem, eu se pudesse, do eleitorado todo, invocar o auxílio de uma só classe e identificar-me com ela, não o faria nem com o comércio e a lavoura, poderosos pela sua riqueza e sua clientela, nem com os funcionários públicos, formidáveis pelo número, nem com os proprietários e os profissionais, fá-lo-ia com a mais insignificante de todas as parcelas do eleitorado — com os operários que vivem do seu trabalho de cada dia.

Eu sei bem que vós não pesais pelo número, e não influís pela fortuna, e além disso estais desarmados por falta de organização; mas, como na frase revolucionária de Sieyès, podeis desde já dizer: "O que é o operário? Nada. O que virá ele a ser? Tudo". É que o futuro, a expansão, o crescimento do Brasil está em vós, depende de vós, e enquanto não fordes um elemento ativo, enérgico, preponderante, vós que sois a democracia nacional, enquanto grandes correntes de idéias não vos moverem e não tiverdes consciência da vossa força, não teremos chegado ainda ao nível das nações emancipadas.

(...) Mais de uma vez tenho mostrado, nesta campanha, a simpatia que sinto pela principal classe de nossa comunhão, a que cultiva a terra, ou sem salário, como os escravos, ou sem garantia de ordem alguma como os *moradores* livres do interior. Por uma série de circunstâncias serão precisos talvez trinta anos para se fazer compreender a essa classe, a qual é uma população, que ela também tem direitos. Vós, porém, artistas das cidades, não levareis todo esse tempo a adquirir a noção da vossa dignidade e dos vossos direitos, e em minha opinião não há neste momento medida mais urgente do que a de educar-vos para a posição que ocupais — não somente de cidadãos a cujo alcance a Constituição pôs todos os cargos públicos, mas também de classe chamada nada menos do que a salvar o país pela reabilitação do trabalho.

(...) Pelo vosso lado, podeis ajudar-vos muito, unindo-vos, associando-vos. Não sois muitos, é certo, mas ligados um ao outro pelo espírito de classe e pelo orgulho de serdes os homens do trabalho num país onde o trabalho ainda é mal visto, sereis mais fortes do que classes numerosas que não tiverem o mesmo sentimento da sua dignidade. Vós sois a grande força do futuro, é preciso que tenhais consciência disso, e também de que o meio de desenvolver a vossa força é somente a associação. Para aprender, para deliberar, para subir, é preciso que vos associeis. Fora da associação não tendes que ter esperança.

(...) Homens do trabalho, mostrai que a escravidão se ainda possui as senzalas, já não possui as oficinas; protestai contra esse poder implacável que tendo feito ouro com o sofrimento e a vida de trabalhadores, como vós, quer hoje empregar esse ouro manchado de sangue em corromper o voto de homens livres. Há entre vós homens de cor, mas neles não haverá um só desses Judas que por trinta dinheiros vendem a sua raça, sua mãe. Esse último ultraje da escravidão à dignidade humana não partirá de vós, artistas pernambucanos. Identificados com a causa da liberdade, o vosso voto será no dia 1.º de dezembro ao mesmo tempo uma petição e uma ordem ao Parlamento convocado, para que liberte, levante e proteja o trabalho em toda a extensão do país, sem diferença de raças nem de ofícios. A escravidão retardou de dois séculos a emancipação do proletariado nacional, mas hoje, que ele começa a pensar e a querer, é preciso que a sua primeira intimação aos poderes delegados seja a favor dos escravos, de cuja classe em sua maior parte ele saiu. Sim, senhores, é preciso que as primeiras palavras desse proletariado, que hoje surge em nossa política, sejam de liberdade, de justiça e de igualdade, porque nenhum povo pode ser grande sem ser livre, feliz sem ser justo, unido sem ser igual *.

Balanço e prognóstico

Na véspera da batalha é preciso calcular as contingências todas da ação, e isso nos coloca, aos abolicionistas, diante de diversas hipóteses parlamentares. A primeira é constituirmos maioria abolicionista, o que importa a votação do projeto Dantas. A segunda é sermos minoria abolicionista numa Câmara liberal; a terceira é sermos minoria abolicionista numa Câmara conservadora. Devo dizer que essas duas hipó-

---

* Extraído de: Discurso aos artistas do Recife, no Campo das Princesas, a 29 de novembro de 1884. In: *Conferências e discursos abolicionistas*. p. 367-74, passim (Obras Completas, v. 7).

teses se resumem numa só: a necessidade de uma dissolução. Nem a maioria conservadora há de ser tão grande que os conservadores possam governar com a próxima Câmara, nem o Partido Liberal há de consentir em ter a sua política frustrada e muito menos dirigida por qualquer pequeno grupo que se queira ligar à oposição. Nos dois casos o Imperador terá novamente que escolher entre os liberais e os conservadores e eu acredito que o chefe do Estado não há de divorciar a monarquia do movimento abolicionista.

(...) Ao estudar o caráter e o alcance das novas eleições para à vista delas tomar uma deliberação sua, se preciso for, o Imperador não se deve cingir ao exame único dos algarismos e aos resultados finais do escrutínio. (...) Do que eu trato neste momento é de cada um dos dois partidos precisar do decreto de dissolução para governar, isto é, de apelar para a prerrogativa. Em tal caso é que eu digo, o Imperador não deveria olhar para o resultado puro do voto, mas ter em vista diversos fatores importantes que concorreram para ele. O dever da Coroa seria procurar conhecer antes de tudo a vontade da nação para não contrariá-la. As eleições de amanhã vão mostrar em que minoria a opinião conservadora está no país.

(...) Mas o Imperador, além de atender à maioria numérica das opiniões liberais, em estado de liberdade como se acham no primeiro escrutínio, se quisesse realmente conhecer o sentimento e as tendências do país, deveria ter em vista: primeiro, o censo alto do eleitorado; segundo, o monopólio da escravidão; terceiro, o estado de divisão do Partido Conservador; quarto, a iniciativa e os sacrifícios do Partido Liberal; e quinto o momento atual.

O censo alto, senhores, quer dizer que a nação está fora do eleitorado, que este não a representa suficientemente, e que, portanto, se em uma questão que interessa o que se chama propriamente povo, como é a da emancipação, esse eleitorado censitário desse com exclusão do povo a maioria, a metade, ou quase a metade do Parlamento ao partido da reforma, não podia haver dúvida que a nação estava com esse partido nessa reforma, e seria ir de encontro à evolução nacional chamar os seus adversários ao poder por um golpe de Estado.

O monopólio da escravidão significa que, esmagado o país pela posse exclusiva da terra e pela dependência em que está dos proprietários toda a população do interior, e dividido este em feudos impenetráveis à agitação e ao movimento das idéias livres, se a escravidão não conseguiu triunfar, não pôde pelo terror e pela perseguição apossar-se do Parlamento, a nação, livre dessa pressão odiosa e aviltante, ter-se-ia pronunciado de modo muito mais franco e decidido pela liberdade e pelo direito *.

3.2. A COROA E OS PARTIDOS NO ENCAMINHAMENTO DA QUESTÃO ESCRAVISTA

Registro de práticas de fraude eleitoral

A Câmara continua a corrigir as provas das últimas eleições, que saíram com alguns erros. O seu trabalho, por enquanto, é organizar a errata. "Onde se lê *A. de Sequeira*, leia-se *A. Correia*." "Onde se lê *Franklin Dória*, leia-se *Jaime Rosa*." "Onde se lê *Paranaguá*, leia-se *Clarindo*." "Onde se lê *Milton*, leia-se *Paraíso*." *Maioria* passa a ser *minoria*; onde os votos não se deixam facilmente manipular, suprimem-se os eleitores, isto é, cortam-se períodos inteiros por causa de um nome. Assim a edição sairá perfeita.

Ainda anteontem, o Sr. Cândido de Oliveira interpelou o governo sobre uma anomalia, que desde o princípio fizemos notar nestas colunas — a dos eleitores que a Câmara anulou em Paranaguá por não terem votado no Sr. Jaime Rosa. A posição atual desses eleitores serve para exemplificar o caso que entre nós se faz dos direitos políticos do cidadão. A Câmara decidiu este ano que tais pessoas não haviam sido regularmente alistadas, como decidiu o ano passado que haviam. Se amanhã o Sr. Jaime Rosa fosse feito ministro, os mesmos eleitores que o deixaram de ser teriam que ser convocados a votar na eleição subseqüente. É provável que votassem no ministro, que em todo caso lhes pediria o voto, e a Câmara podia uma terceira vez decidir que eles eram tão bons eleitores como quaisquer outros. O Sr. Coelho Rodrigues apresentou um projeto regularizando a situação de Paranaguá, isto

---
* Extraído de: Quarta conferência no Teatro Santa Isabel, no Recife, a 30 de novembro de 1884. In: *Conferências e discursos abolicionistas.* p. 380-2. (Obras Completas, v. 7).

é, mandando proceder a novo alistamento. Mas esse projeto é uma lei eleitoral inteira e levaria anos a passar.

A Câmara está jogando a bola com os eleitores, que são ou não são eleitores, conforme o modo de votar de alguns. A todas as condições precisas para se ser eleitor no Brasil cumpre acrescentar agora a principal de todas, que esteve sempre tácita para os partidos, na lei, mas somente hoje a Câmara conservadora teve a coragem de tornar pública por um aresto parlamentar — a condição de votar com quem está de cima. Votando com o governo, o eleitor não sentirá o vexame da sua posição precária. Votando contra, tomam-lhe o voto em separado para persegui-lo, ou provam que ele é analfabeto, ou demonstram que ele mudou de domicílio, ou, por fim, decidem que ele não tem a mínima qualidade para intervir na alta função da escolha de deputado, isto é, que não passa de um *fósforo*. Adulados, suplicados, visitados, antes; *fósforos* depois! É como os tratam os pareceres da Câmara.

O pior de tal situação é que neste momento não se sabe quem é verdadeiramente eleitor no país. Basta que desapareça um livro, que tenha sido omitida uma formalidade da lei, que o escrivão dê sumiço a papéis de um cartório, para o eleitor, que exerce o seu direito desde o primeiro alistamento de 1881, passar pelo processo sumário da *anulação* na Câmara dos Deputados. O seu alistamento pode ter sido o mais correto possível, ele pode ter as provas de que todo o processo da sua qualificação correu na forma da lei; isso nada vale. Se se provar que alguns não observaram as formalidades como ele, que um juiz de direito foi indulgente na apreciação da prova de renda para com outros, a pena será generalizada, e o alistamento todo da paróquia de que ele faz parte será submergido por uma onda de verificação de poderes, não se salvando sequer aquele justo.

Desse modo os deputados chamaram a si a mais extravagante de todas as atribuições, a de manipular o eleitorado.

Parece que pela ordem dos fatos ordinários o filho não tem a faculdade de escolher os pais. A Câmara, porém, não se atém a essa ficção política. Ela nasce do eleitorado, e, depois de nascida, escolhe quem a devia ter procriado. Mandatária, ela substitui o mandante por outro, com os poderes somente do mandato. Representante, designa a vontade a quem vai representar. Em geral supõe-se que a Câmara é a delegada dos eleitores: é um engano perfeito; os eleitores é que são os delegados, nem todos de polícia, da Câmara. O eleitorado faz a

Câmara, e a Câmara refaz o eleitorado, por forma que ela não teria visto a luz, se ele fosse antes de concebê-la o que ela o faz depois de nascida. O espírito perde-se nessa hipótese de um filho pai de sua mãe. A todos os vícios parlamentares de nosso tempo acresce essa hipótese inteiramente desconhecida — a do aborto que comete um parricídio. É um verdadeiro labirinto.

A admitir-se o princípio de que a Câmara é quem organiza o eleitorado — e *anular* eleitores equivale, por causa do equilíbrio dos votos, a *fazer* o eleitorado —, todas as noções correntes sobre o sistema representativo devem passar por uma transformação completa. Em vez de ser representativo, esse sistema deve se chamar — representável. São os deputados que se fazem representar no país pelos eleitores, e não o país que se faz representar na Câmara pelos deputados! A divisão dos poderes é um dos dogmas da nossa velha educação política, que serve para criar e constituir poderes independentes do único poder legítimo — a representação direta, imediata e periodicamente renovada, da nação. Mas que divisão maior e mais natural dos poderes, do que entre o mandante e o mandatário, o eleitor e o eleito, o criador e a criatura? A Câmara, entretanto, confunde tudo isso, e inverte a ordem da precedência e da soberania, de modo a ser ela a suserana e o eleitorado o vassalo.

Que a Câmara se componha destes ou daqueles elementos nos é tão indiferente como são os esforços que estão tentando alguns liberais desta cidade para reabilitar um partido com o prestígio de nomes, e não de idéias. Não vêem eles que uma reorganização dessa espécie serve talvez para fazer o partido subir de novo ao poder, mas não para moralizá-lo, nem para dar-lhe o apoio do liberalismo nacional. Não faria nenhuma falta à poderosa corrente que está construindo o futuro do nosso país com os destroços do passado, a ausência da maioria da oposição amável que o governo tem a fortuna de encontrar nas Câmaras. Quando não existisse uma oposição assim, seria preciso inventá-la. Um parlamento sem oposição não teria, como convém que as instituições do reinado tenham todas, um tom europeu de adiantamento e liberdade. Com a depuração de "cidadãos pacíficos" perderia mais o oficialismo do que a democracia. Por outro lado, não é a expulsão do Sr. José Mariano que tememos, porque esse terceiro escrutínio lhe dará mais força em Pernambuco do que lhe deram os dois outros. Não é assim, no interesse imediato do liberalismo que dissecamos a moral política da Câmara, mas para que fique arquivado mais um documento da história conservadora. Esse documento pertence a uma série de provas irrecusáveis, de que os conservadores estão fazendo no poder tudo que denunciaram na oposição, não a medo e envergonhados como os liberais, mas do modo o mais descoberto e desdenhoso. O Partido Conservador, com efeito, na situação passada levou a explorar o catonismo de alguns céticos mundanos que esperavam e conseguiram ser ministros com esse atestado de moralidade dado pela oposição. Hoje, porém, que a Câmara é quase toda de uma cor, não se encontra mais quem queira representar esse papel de último asilo da justiça em política. Não serei eu quem lamente o desaparecimento de nenhuma espécie de farisaísmo. A verificação dos poderes é, e há de ser sempre entre nós, um ato político, mesmo quando a passarem para a magistratura, pior ainda talvez. Mas uma coisa é o catonismo, e outra a decência; e é não fazer caso absolutamente desta última, cassarem diplomas, sobre a legitimidade dos quais, nem do ponto de vista da liberdade do voto, nem do ponto de vista legal, a mínima dúvida existe, e para fazê-lo, irem além do deputado eleito e anularem em massa o eleitorado, firmando assim o princípio de que a Câmara, em última análise, é quem faz os eleitores *.

Partidos: opinião ou patronagem — 1

Mais de uma vez se me tem feito notar, como prova de fraqueza, a grande diferença entre o modo por que os liberais caíram em 1868 e o modo por que caíram em 1885. Antes do dezesseis de julho o Partido Liberal estava profundamente dividido em *históricos* e *progressistas*, mas "o golpe de Estado" o consolidou, desde o dia seguinte, sob uma só bandeira e um só comando.

Em 1885 ele estava igualmente dividido, mas "o golpe de Estado" do estilo em vez de consolidá-lo, como o fez sete anos atrás, teve o efeito de ainda mais acentuar a divisão. Hoje em oposição, esse partido acha-se ainda mais fragmentado do que estava no poder; se então formava quatro, cinco, ou seis grupos pessoais, hoje está pulverizado.

---

* Extraído de: Depurando. Artigo publicado em *O País*, a 30 de maio de 1886. In: *Campanhas de imprensa*. p. 179-83 (Obras Completas, v. 12).

A adesão dos partidários no Brasil não é a idéias, mas a homens. Quando falo dos partidários, não me refiro aos que, para mim, são as forças vivas do nosso partido, os que sofrem por ele obscuramente, sem nunca se aproveitarem dele; mas ao grosso dos que combatem no primeiro plano da política. As adesões destes são a pessoas e não a princípios. Há um primeiro grupo, de muito maiores proporções do que os outros, dos que aderem ao governo do dia, qualquer que seja, dos que são *ministeriais* por natureza. Essa foi a espécie que apoiou o Sr. Sinimbu na inelegibilidade dos acatólicos, na política escravista e chinesa, na *"constituinte constituída"* e em tudo mais; que passou a apoiar o Sr. Saraiva no seu *não cogito* e no dar e tirar direitos políticos aos cidadãos, como se marcam as rações dos escravos; que seguiu, apoiando o Sr. Martinho Campos, cujo nome era uma bandeira, ou um clarim; que prestou vassalagem ao Sr. Paranaguá, pagou tributo ao Sr. Lafayette, passou pelas "forcas caudinas" com o Sr. Dantas, e voltou de novo a identificar-se com o Sr. Saraiva. Esse é o grupo mais numeroso em todos os partidos, o dos governistas. O segundo grupo é muito subdividido, é o dos dedicados ou dos amigos, aos quais acrescem os dependentes. Excetuando um ou outro, cada senador liberal tem o seu grupo íntimo, que aumenta como os riachos durante a estação das chuvas, mas que em tempo de seca fica reduzido a quase nada. O terceiro grupo, o mais fraco de todos, nas posições, mas de todos o mais forte na opinião e no país, é dos entusiastas que aderem a princípios e não a indivíduos, e inspiram-se na sua lealdade para com o povo e as idéias, e não nos interesses limitados de um partido, de um grupo, de um chefe.

Hoje, em oposição, continua a dar-se exatamente a mesma divisão: há os *governistas*, cujo programa, agora que estamos de baixo, consiste em voltar ao poder, e mais nada; há os *dedicados*, cujo programa resume-se em preparar o poder para o seu "homem"; e há os *entusiastas*, que querem ver o Partido Liberal tornado em instrumento eficaz de um liberalismo, em vez de ser uma das ordens privilegiadas da monarquia.

Sendo assim, eu confesso, que vejo um sintoma favorável e não contrário, na relutância que os liberais mostram em unir-se de novo como dantes. Depois da lição dos últimos sete anos o partido tem o direito de ser cauteloso. Unirem-se todos os liberais sob um centro comum e um programa único, é o mesmo que abandonar as idéias de que o partido faz questão, pelas idéias de que o Imperador faz questão.

(...) Em reformas políticas, que nada alteram, que deixam o povo na mesma miséria e as classes com o mesmo poder, o acordo é sempre possível. Em que mudou a condição do *povo* com a eleição direta? Passou, somente, a ser mais perseguido e começou a ser desmoralizado. O feudalismo do voto é uma conseqüência forçada da servidão da gleba, condição uniforme das classes pobres do Brasil. O meio de modificar essa miséria que toca à mendicidade, para um dia transformar-se em banditismo, como na Grécia e na Sicília, não são reformas políticas.

(...) Longe, portanto, de ser a desintegração um sinal de fraqueza, eu vejo nela o único sintoma de renovação para o Partido Liberal. Enquanto ele estiver dividido, mostrará que tem vitalidade. Enquanto se estiver desintegrando, é que se está reconstruindo. Se ele de repente aparecesse com todos os seus "chefes" de acordo, é que estava podre — e pronto, portanto, para voltar ao poder *.

Partidos: opinião ou patronagem — 2

O Partido Liberal, como o Conservador, está hoje para todos os fins políticos resumido no Senado. O monopólio senatorial é incontestável. Duas dezenas de homens, que por sua vez se resumem em meia dúzia de personalidades notórias, representam o partido, e o que é pior, de fato o têm nas mãos. O fim dos partidos entre nós é explorar o governo, por outra, o tesouro público. Para o conseguir a melhor organização é por certo a atual, desde que quem dá e tira o poder é o chefe do Estado. Os senadores são espíritos essencialmente práticos. Eles viram, e vêem cada vez melhor, que entre nós não existe povo, nem opinião pública, e acreditam que é pura perda de tempo simular uma coisa e outra, e que a sabedoria consiste em conquistar o mais depressa possível as boas graças e a cooperação do único poder de fato. Por isso eles não fazem política senão para o Imperador. Daí provém a organização presente dos nossos partidos, que são constituídos de modo a servir de instrumento ao Imperador, e nada mais.

Desde que o povo, a opinião, a imprensa, a revolução, as eleições, são palavras sem substância, às quais não corresponde nenhuma força

---

* Extraído de: Desintegração. Artigo publicado em *O País*, a 1.º de junho de 1886. In: *Campanhas de imprensa*. p. 189-92, passim (Obras Completas, v. 12).

real no país, os homens práticos antes de tudo têm razão em voltar as suas vistas para a única realidade de nossa política, a vontade do Imperador. Eles dividem-se nominalmente em dois grandes partidos doutrinários, por imitação do parlamentarismo, e porque o Imperador deseja ver observado o ritual inglês; de fato, porém, eles constituem uma série de partidos pessoais, cada um formado em torno de um patrono. Nesse regime o homem de Estado não tem outra coisa que fazer senão captar a simpatia do Imperador. Na Inglaterra o grande dia da carreira de um estadista é quando chega a ser o *leader* em uma das duas casas do Parlamento; entre nós, é quando é nomeado veador. A prova de confiança do Imperador é, portanto, esperança para ele do mando supremo. Isso quer dizer que o apoio dos homens públicos em um país está no partido, e em outro está no monarca. É o Imperador quem faz ministros, senadores, conselheiros de Estado, titulares e quem distribui todas as comissões importantes. O homem político que quer fazer carreira tem a sua órbita tão fatalmente traçada em torno de Sua Majestade, como a da Terra em torno do Sol. É ele que alumia todo o nosso sistema político.

Quem quiser estudar a nossa política deve partir dessa compreensão do modo por que toda ela está edificada, para não se enganar no conhecimento dos homens e das coisas. Os partidos resumem-se nos cinco ou seis homens de cada um que passaram pelas diferentes provas precisas para merecerem a mais alta confiança do Imperador. Tudo mais que se vê não passa da projeção de cada um desses homens sobre o orçamento. O resto desaparece na massa anônima e invisível dos partidários sem pretensões. Essa é a organização senatorial existente, e que nada pode destruir inteiramente, porque é determinada pela realidade das coisas em um país onde não há opinião.

Não há negar a propriedade de semelhante organização, tão simples como a do animal mais primitivo. Assentir, porém, a ela, é assentir no absolutismo mesmo. É possível que seja mais prático pedir as reformas ao Imperador por meio de requerimento, do que agitar o país em favor delas, mas nós liberais não temos escolha. Por certo que não temos povo, politicamente falando, mas é preciso supor que ele existe. A agitação acaba por fazer nascer a consciência. Nós não podemos resignar-nos a que o Partido Liberal se converta no absolutismo.

Se o Imperador fosse um liberal, compreende-se que o partido **chamado** Liberal contasse com ele para realizar as reformas sociais, que com o tempo, e indiretamente, hão de introduzir o *self government* em nosso país; mas o Imperador adere a quase todos os velhos preconceitos conservadores, e assim nem esse pretexto poderia o liberalismo alegar para justificar-se de esperar tudo do príncipe reinante em vez de lutar pela liberdade.

O conservantismo entre nós, apesar do seu passo demorado, é progressivo bastante para aceitar em face do trono essa posição espectante de dependência relativamente às reformas. O Partido Liberal, porém, caminha decididamente mais depressa do que Sua Majestade; as nossas idéias correm em outra direção, que as da dinastia, e por mais prático que seja para os estadistas de profissão não fazer outra coisa senão rezar ao Imperador um Padre-Nosso cotidiano, seria faltar à sua missão e à sua honra viver o partido de adulações, disputando o poder aos seus adversários por trás dos reposteiros do Paço, comprometido em consciência pela natureza desse duelo de intrigas e baixezas, a servir de instrumento no governo ao poder irresponsável.

"Há somente uma causa que pode destruir o Partido Liberal", disse John Morley na recente conferência de Leeds, "e essa não é outra senão deixar ele de ser fiel às suas próprias convicções e leal aos seus compromissos públicos". A organização do Partido Liberal entre nós é só por si o repúdio pelo partido de convicções e compromissos. Nem pode haver Partido Liberal enquanto o que tem esse nome não for senão uma multidão inconsciente de aspirantes a empregos, representados por homens que se educaram a si mesmos na escola de que todo o poder vem da Coroa, e que é prejudicial aos interesses do partido deslocar o terreno da luta, das antecâmaras do Paço para os centros de ação fictícios de uma opinião pública imaginária.

Em tais condições, o chamado Partido Liberal não seria mais do que um segundo Partido Conservador, nem por mais liberais que fossem as reformas que ele conseguisse, lhe imprimirão elas o caráter liberal, porquanto o Partido Liberal é antes de tudo o partido que tudo confia do povo e só quer existir pelo povo.

Aí está uma profunda divergência entre o novo liberalismo e o antigo, o qual ainda existe, em toda a sua força, mas felizmente tendo atingido ao seu limite de crescimento, e devendo portanto declinar e não mais expandir-se. A primeira grande divergência foi essa do abolicionismo, que opôs ao antigo espírito político do partido o espírito verdadeiramente popular, e substituiu a luta das teses constitucionais sem alcance e sem horizonte pela luta contra os poderosos privilégios de classe, contrários ao desenvolvimento da nação. Pela primeira vez então o Partido Liberal saiu do terreno das discussões escolásticas, que só interessavam à classe governante, para entrar no terreno das reformas sociais, que afetam as massas inconscientes do povo. Também o efeito dessa divergência, que era a revolta do princípio vital do partido contra a existência artificial que lhe deram, foi o que se sabe: a destruição de todo o velho sistema doutrinário. A segunda divergência não é menor. É entre a força que impele o partido para o país, que todos sabemos não estar ainda politicamente constituído, e à que o faz gravitar para o Imperador, que é o centro de toda a nossa organização política.

Nem no interesse da democracia, nem no interesse da monarquia, há vantagem em que o partido do progresso seja um parasita do trono. Para subir ao poder no tempo marcado, o Partido Liberal tem tudo o que é preciso, a saber, o letreiro de liberal, para manter a ficção de que somos um governo de partidos; um número avultado, aderentes que não fazem questão de idéias, mas de colocação para compor o cenário; e chefes em quantidade e suficientemente industriados nos hábitos pessoais do Imperador para Sua Majestade não ter incômodo na escolha. Para desempenhar, porém, a função de um Partido Liberal falta-lhe tudo. Por outra: a sua organização tem tudo o que é prejudicial, e nada do que é útil ao liberalismo. Para impedir, demorar e sofismar as reformas ele está perfeitamente montado, mas não para as promover e purificar. Ele está preparado para aceitar amanhã o poder e explorá-lo durante anos para os fins pessoais de alguns indivíduos, mas não para conquistar o poder e servir-se dele para fins nacionais. A sua organização servirá quando muito para patotas, mas não para reformas; ele pode estar vinculado a especuladores de Bolsa e concessionários de estradas de ferro, mas não ao povo, que cresce na maior degradação física, intelectual e moral. Semelhante organização — à qual se deve dar o nome de organização senatorial, porque ela resume-se toda no Senado — nada tem de comum com o que em toda a parte se entende por liberalismo *.

---

* Extraído de: A reorganização do Partido Liberal. Artigo publicado em *O País*, a 9 de dezembro de 1886. In: *Campanhas de imprensa*. p. 215-9 (Obras Completas, v. 12).

Aliança do sistema político com a resistência escravista — 1

A primeira Câmara da última situação liberal, a de 1878, é unânime, como fora unânime a primeira Câmara da última situação conservadora, a de 1868. Mas isso pertence à conta da eleição indireta. Com a eleição direta, o primeiro resultado é uma forte oposição conservadora de mais de um terço da Câmara, composta dos principais homens escolhidos pelo partido (seria difícil apontar um que tivesse ficado de fora), e uma fraca maioria liberal da qual não conseguiram fazer parte mesmo ministros, e muitos dos mais notáveis deputados da legislatura anterior.

Desse modo o Partido Liberal sofreu nas eleições Saraiva um revés duplo: o de ver eleita a oposição em número para derrotar sucessivamente todos os ministérios do partido (numa Câmara brasileira de 122 membros, 40 era número mais do que suficiente para isso); e depois, o de ver a sua maioria formada ao acaso, sem muitos dos elementos liberais de combate e de opinião, enfraquecida moralmente por esse mesmo fato, e obrigada a tomar a defensiva, quando o seu papel era o da ofensiva mais ousada e resoluta. O Sr. Saraiva tinha dito que o seu maior desejo era ver no Brasil um ministério ser derrotado nas eleições. Esse era um modo perigoso, mas patriótico, de expressar a humilhação com que nós, brasileiros, víamos cada governo ir pedir vênia a São Cristóvão para eleger a Câmara que quisesse. Entretanto a aspiração do Sr. Saraiva foi satisfeita. Sob o Sr. Dantas, os conservadores, com os dissidentes, fizeram a metade da Câmara, e dos seus homens mais notáveis, só perderam, por má colocação, o Sr. Ferreira Viana, ao passo que o primeiro-ministro não só viu a oposição eleita chegar quase ao nível de maioria, mas também, como o Sr. Saraiva, muitos dos seus melhores auxiliares vencidos nas urnas.

Desta vez a oposição liberal elege, digamos, vinte e seis ou vinte e sete deputados, mas nessa pequena minoria há também a considerar, como eu disse, a qualidade e as circunstâncias. Quase todos são eleitos em distritos onde os conservadores não tinham candidato importante. Isso não quer dizer que não fossem empregados contra muitos deles os últimos recursos do governo. Cada candidato julga a sua eleição a principal, e como os recursos oficiais foram postos à disposição de cada um no seu distrito, um desconhecido talvez desenvolvesse mais compreensão do que um dos altos personagens. Não quero descer agora à análise da minoria liberal; basta-me dizer que em parte, pequena, ela foi eleita de acordo com o Partido Conservador; em parte, maior, ela se compõe de antigos dissidentes que fizeram causa comum com os conservadores — até colocá-los no poder, e somente em uma fração, ela representa o espírito liberal e está pronta a dar combate aos conservadores no terreno abolicionista.

O contraste resume-se assim. Nas duas eleições liberais: grandes minorias conservadoras — um terço na primeira, dois quintos na segunda — compostas de todas as notabilidades do partido; eleições ganhas por este onde o governo tinha poderosos meios de ação, como nesta cidade e em muitas capitais de província; seus homens mais rancorosos e mais capazes de fazer mal, todos eleitos, ministros derrotados, e com eles os auxiliares indispensáveis do governo. Na eleição conservadora: unanimidade em grandes províncias, cem conservadores, todos os homens de valor, real, ou suposto, triunfantes; e da pequena minoria liberal, raríssimos eleitos contra os desejos íntimos do governo (está visto que os Srs. José Mariano e Cesário Alvim estão neste número), diversos eleitos com a sua simpatia, e alguns até com o seu apoio.

Mas um conservador que eu chamasse a dialogar comigo nestes *Opúsculos*, poderia dizer-me: "Que há mais natural se em oposição nós tivemos esses algarismos que nos forneceis, do que termos agora a unanimidade virtual? Se, no Ministério Dantas, chegamos a eleger perto da metade, como podíamos agora ter impedido, mesmo se quiséssemos, a eleição de quase *toda* a Câmara? À força que mostramos ter, em oposição — e em oposição é que se conhecem os elementos reais dos partidos — acrescente-se a força do governo, e o resultado só não coincidirá com o obtido, porque perdemos muitas eleições que devíamos ter ganho".

Nem eu estou dizendo o contrário, nem ainda afirmei que respeitada o que entre nós se entende por liberdade eleitoral, e que é somente a exclusão de certas espécies de pressão, talvez as menos ilegítimas, os conservadores não teriam ganho como ganharam.

A minha tese é outra, e é que se os liberais tivessem feito no governo o que os conservadores acabam de fazer, nunca teriam perdido as eleições que quisessem ganhar.

Sem dúvida o Partido Conservador, eu sou o primeiro a reconhecê-lo, tem todas estas vantagens sobre nós; de ser um partido disciplinado, organizado, ambicioso, previdente, paciente, autoritário, palaciano, escravista, rico e cético.

Com a disciplina ele faz *o que nós não fazemos*: garante a eleição dos seus melhores homens, (por isso mesmo a composição da nova Câmara é sugestiva da decadência intelectual da oligarquia do partido, onde ele foi mais rico de talento, a Bahia, Pernambuco, em geral o Norte) colocando-os onde há mais segurança, e marcha todo com um espírito de passividade, que seria uma virtude se não fosse um cálculo. Os liberais, ao contrário, são dilacerados por dissidências intestinas, por invejas e descontentamentos, além de sua rebeldia natural, e os conservadores, partido muito pouco suscetível à sedução de fora, sabem vibrar esse teclado de paixões propriamente democráticas com uma superioridade inimitável de intriga.

Com a organização, eles têm unidade de comando e hierarquia nas províncias. A ambição fá-los todos interessarem-se nas eleições como em questão de vida e de morte, ao passo que muitos liberais só tomam interesse nelas quando são candidatos; a previdência os leva a prepararem com antecedência a luta, e a paciência a não fazerem inimigos, enquanto em oposição, dos que os não acompanham a primeira vez. O espírito de autoridade lhes dá a maior de todas as vantagens: a tradição governamental, a identificação constante com o governo. Palaciano, o partido pode sempre garantir que dentro de pouco estará no poder; escravista, ele tem o apoio cordial e a confiança da escravidão, isto é, da terra; rico ele possui talvez o mais considerável elemento de nossas eleições, o dinheiro, tão considerável que merece bem ser tratado à parte; e, por fim, cético, não tem os terríveis impedimentos de princípios e de compromissos, pronto como está sempre a governar com as mesmas idéias contra as quais tiver ganho as eleições.

Eu admito todas essas vantagens, no eleitorado atual, censitário e escravocrata como está constituído, e não podia deixar de estar o nosso. Mas desde que, apesar de tudo, o principal, a primeira força no país é o governo, a idéia do governo, os conservadores não teriam tido as minorias que tiveram se o país não fosse levado a acreditar que eles iam subir.

Essa foi nas eleições de 1881 e nas de 1884 a causa *principal* — a escravidão vindo logo depois, e as duas juntas explicando todo o sucesso — das grandes vitórias ganhas pela oposição. Mesmo fora do governo, era com o prestígio do governo que eles venciam. Os eleitores sabiam que o Partido Conservador, sendo o partido do Imperador, e ao passo que parece da Princesa Imperial também — um pequeno sinal disto, entre parênteses, é que o Imperador só sai do Império e a Princesa só aceita a regência quando os conservadores estão no poder —, tinha que subir muito breve desde que havia tocado ao limite da paciência, e ameaçava a dinastia com a república conservadora — o ideal do esclavagismo. Foram por um lado o medo da vindita conservadora, e por outro a certeza que dos liberais não havia que temer, porque eles não ajustam contas eleitorais, as causas que deram à oposição o número de votos que ela obteve nas duas eleições liberais. Essas eleições não expressam outra coisa senão a pressão dos senhores de escravos e a dependência dos empregados públicos. Foi a coligação dos que tinham escravos que perder ou ganhar. Os liberais nesse terreno não podiam lutar com os seus adversários: o seu código de moral e de justiça era outro.

Nas eleições de 1881, o presidente do Conselho, para justificar a sua lei, estava interessado em perdê-las! Nas de 1884, o ministério vivia vigiado atentamente pela alta polícia, feita pelos conservadores, do Imperador, o qual entendia que a escravidão devia ter a liberdade de espalhar o terror e de exercer a compressão, até da fome, entre os eleitores pobres, mas que o governo não devia ter nem mesmo a liberdade de mostrar-se empenhado na vitória da sua causa. Desta última vez, porém, o Imperador só tinha um interesse: mostrar que não se enganara, que o país desejava o golpe de 19 de agosto, que a anarquia moral tinha chegado ao auge sob o Sr. Dantas, que essa fora a verdadeira causa da queda do câmbio e do mal-estar de nossas finanças e que a monarquia e a escravidão unidas não receavam a bancarrota.

A verdade, porém, é que as eleições conservadoras só diferiram das liberais, porque nestas o governo, ou espontaneamente ou à força, deixou predominar no país a impressão de que os seus adversários iam subir, e naquelas o governo produziu a impressão contrária. O imperador, por exemplo, quando a causa dos escravos estava em jogo, negou ao Sr. Dantas os presidentes que ele preferia, excluindo com um *voto* preliminar das presidências os deputados. Agora, os presidentes são quase todos deputados, isto é, eram candidatos que puseram em prática o sistema da eleição mútua, do "elege-me tu que te elegerei eu". Às forças corruptoras do dinheiro e dos privilégios em livre ação num país onde não há lei nem justiça, foram acrescentadas as forças corruptoras do governo, e o resultado foi que a eleição direta chegou, em uma só prova conservadora, a ficar tão moralmente morta como estava a indireta. Não é mais essa arma que servirá para ganhar nenhum combate popular; dora em diante ela só pode prestar para garantir as candidaturas oficiais.

O abolicionismo, para desenvolver-se e prosperar, precisava ser animado pelos poderes públicos, precisava, no período do crescimento, da proteção do Estado: o Imperador entendeu que era preciso pelo contrário abafá-lo ao nascedouro. A eleição direta também, para produzir a independência no eleitorado e tornar-se depois de longas experiências um indicador seguro da opinião, precisava ser protegida muito tempo pela honestidade do governo.

Tivemos as eleições do Sr. Saraiva, em que o eleitorado votou certo de que o governo se abstinha. Esta independência dos eleitores consentida e animada pelo governo não era verdadeira independência, porque só é independente o que é contra a vontade de todos; mas era o começo de uma tradição no poder — a da abstenção — que, se fosse praticada durante anos seguidos com o mesmo espírito, criaria por fim aquela independência.

O Imperador parecia ser desse pensamento, identificando-se com o princípio absoluto da não-intervenção sob os ministérios liberais; desde porém que subiram os conservadores, Sua Majestade não quis mais esse ingrato papel de fiscal da oposição, e deixou os conservadores lançarem a eleição direta de uma vez para sempre no guarda-roupa da monarquia, onde ela servirá ao lado das outras alfaias constitucionais de comédia, para a cena, de quatro em quatro anos, do primeiro ato de nosso *Governo Livre*.

Haverá alguém entretanto que acredite que o brasileiro é conservador? A julgar pela nova Câmara, com raríssimas exceções, o povo brasileiro é tão conservador que nele são conservadores até os liberais.

A verdade é exatamente o contrário: a nação brasileira é (...) uma das mais *liberais* que existem *.

Aliança do sistema político com a resistência escravista — 2

Em 1884 Sua Majestade chama ao governo o Sr. Dantas. Que aprovasse, ou desaprovasse *a maneira* de governar deste, o Imperador, quando ele perde a confiança da Câmara, sustém-no por meio da dissolução, prova suprema de sua confiança. O Sr. Dantas lança o país numa fase abolicionista beneficamente revolucionária, em que a escravidão parecia suprimida de direito, moralmente abandonada de fato, entregue aos seus próprios recursos. Essa atitude tinha o que parece a simpatia do Imperador: ele via a esperança crescer, o espírito público emancipar-se, a nação despontar através das fendas da classe governante, os escravos sentirem-se homens, quase cidadãos.

Tiveram lugar as eleições. O marechalato do partido retraiu-se em parte: em parte foi à batalha com reservas mentais para depois da vitória; e em parte rompeu com o general promovido ao comando-em-chefe. Em muitos pontos o partido dividiu-se, e sendo as influências eleitorais grandes proprietários de escravos, surgiu um liberalismo híbrido, aliado ao esclavagismo, e que em toda parte excedeu em zelo e audácia de vituperação aos próprios conservadores, os quais não precisavam de tanto esforço para recomendar-se à escravidão.

Aproveitando a divisão dos liberais os conservadores elegeram uma grande minoria, sob o censo atual, que se pode chamar o censo de senhor de escravo. Os liberais escravistas, por seu lado, foram eleitos em diversos distritos. Formou-se então o pacto entre dissidentes e conservadores. Um entusiasmo estranho animava essa aliança, *pro aris et focis*, da escravidão invadida. Era preciso salvar o chão sagrado das fazendas; tal grito elevou o Sr. Moreira de Barros, com oito votos liberais, à presidência da Câmara; fez o Sr. Afonso Pena o oráculo das depurações, e deu ao Sr. Andrade Figueira o comando das forças aliadas.

---

* Extraído de: *Eleições liberais e eleições conservadoras*. Opúsculo publicado em 1886. In: *Campanhas de imprensa*. p. 263-9 (Obras Completas, v. 12).

Ao mesmo tempo que o Partido Conservador adquiria o contingente de que precisava para os seus fins, o ministério recebia do povo as maiores demonstrações de simpatia. Os nobres e aristocráticos adversários do Sr. Dantas, descendentes quase todos de senhores de engenho e fazendeiros, quando chegavam às janelas da Câmara e viam uma dessas manifestações populares, não descobrindo chapéus altos nem sobrecasacas, mas, num relance, pés no chão e mangas de camisa, diziam somente: "*Aquilo* não vale nada, é a *canalha*".

Talvez, mas o nosso povo é isso mesmo, é um povo de *pés no chão* e *manga de camisa*, e não é um povo branco. Nesta cidade se se visse uma grande *manifestação* popular segundo as idéias dessa nobreza de tolerância, seria uma manifestação de estrangeiros. Refratária como ela é às idéias liberais, por ser o mercado do café escravo, encravada na única província verdadeiramente escravista do Império, e além disso fornecedora da lavoura, de escravos e mantimentos, esta capital, no Segundo Reinado, não tem feito senão desnacionalizar-se. Na grande contextura das suas ruas e bondes, as correntes de sentimento público são todas frias, plutocráticas, comerciais; o Rio de Janeiro não é uma cidade como o Recife ainda é, e como ela foi até a Guerra do Paraguai; hoje o coração brasileiro só bate aqui forte, livre e também inconsciente, nessas camadas espontâneas e quase infantis, que os conservadores, os quais não respeitam senão o dinheiro qualquer que fosse a sua origem, chamam a *canalha*.

Era com efeito um escândalo! Depois de três séculos de escravidão, sofrida sem um murmúrio, o povo brasileiro — descendente de escravos em sua máxima parte — chegou a ter a ousadia de dar *vivas* à abolição!

(...) Em 1884, quando caiu o Ministério Lafayette, o Imperador chamou o Sr. Saraiva, que desde 1878 tem no país a posição de um homem necessário. O Sr. Saraiva não aceitou alegando que não podia com a Câmara existente fazer passar uma lei de emancipação. O motivo era grande, o pretexto era fraco. O que queria ele recusando? Que subissem os conservadores? Que outro fizesse uma Câmara para ele? Que o Imperador lhe oferecesse a dissolução? Ninguém sabe.

Mas desde que o Sr. Saraiva não aceitou o poder, e foi chamado o Sr. Dantas, o que havia de fazer este? O Sr. Dantas organizou, para que o governo não passasse aos conservadores, e porque se sentia com forças para prestar um grande serviço ao país. Com o sentido nas eleições, alguns queriam que ele guardasse o seu projeto para depois delas: do ponto de vista moral, teria sido um estratagema indigno; do ponto de vista político, teria sido uma ingenuidade; mas do ponto de vista abolicionista teria sido o maior dos erros. Apresentado o projeto, o que aconteceu foi muito natural. A esse primeiro abalo o partido fendeu-se de alto a baixo (sobretudo no alto, em baixo a fenda foi quase nenhuma); aos delirantes aplausos de um lado responderam as recriminações excessivas do outro; travou-se uma guerra civil de ódios e de injúrias, e o primeiro-ministro achou-se envolvido num turbilhão de paixões contrárias e furiosas, como teria sido qualquer outro *liberal*, que fizesse o que ele fez, ou muito menos do que ele fez, *no momento em que ele o fez.*

A um estadista desse alto patriotismo, o Partido Abolicionista não podia deixar de prestar o seu ilimitado concurso. O ponto a que ele pretendia levar o país ficava no começo da nossa estrada, mas se era a boca mesma da rua que estava defendida pelas melhores peças da escravidão, por que não o ajudarmos a destruir essa primeira resistência que, se nos figurava, também seria a última? Pelo seu lado, vilipendiado pelos proprietários, cujos interesses ele tinha religiosamente consultado e querido salvar, abandonado pelos melhores entre os seus amigos, combatido por uma aliança que no sistema eleitoral direto colocava o governo em toda parte à mercê dos desertores do partido, o que podia fazer o Sr. Dantas senão aceitar o concurso incondicional, ainda que um tanto adventício, desses voluntários que corriam, sem laços de partido ou pessoais com ele a defendê-lo da hoste dos seus inimigos selváticos e mentirosos?

(...) Agora o resumo.

Os fatos que aí vão fielmente narrados e os que para não alongar deixei de referir com eles, são principalmente os que se seguem.

Primeira fase: O Imperador em 1884 chama o Sr. Dantas ao poder; dissolve a Câmara a pedido dele; vê as eleições travadas no terreno, exclusivamente, da emancipação; observa que a escravidão divide o Partido Liberal e une o Partido Conservador, e só desse cimento negro resulta a segurança da alvenaria oposicionista; vê do outro lado a esperança nacional manifestar-se de todos os modos, por um entusiasmo novo no país. É a fase da luta.

Segunda fase: As eleições têm lugar: o Imperador vê a falange escravista unida como um só homem constituir a Câmara e derrubar o Ministério Dantas, e chama ao poder o Sr. Saraiva. A escravidão abalada, triunfa; os conservadores sentem-se no poder; a aliança consolida-se e resulta em um projeto de lei satisfatório para a lavoura e opressivo para os escravos; quando esse projeto passa na Câmara, o Sr. Saraiva demite-se. É a fase da capitulação.

Terceira fase: O Imperador, depois de uma tentativa liberal manifestamente fingida, chama os conservadores e impõe-lhes desde logo um programa: fazer passar o projeto tal qual foi votado na Câmara. A lei passa nas duas casas. O movimento abolicionista decresce em todo o país. O período eleitoral é em toda parte a livre vindita da escravidão. Os escravos são perseguidos. A lei não é executada. As eleições dão uma Câmara conservadora quase unânime. É a fase da reação.

Quem escreve estas linhas não é inimigo partidário nem desafeto do Imperador, muito pelo contrário, e assim como sempre fala respeitosamente do chefe de Estado, desejara poder ocupar-se da política do país sem envolver a alta personalidade que a Constituição neutralizou, tornando-a irresponsável. Mas seria evidente hipocrisia comentar os grandes fatos, a arquitetura do reinado, sem considerar a ação do Imperador, que se não é tudo em nossa política, é quase tudo. O presente opúsculo é pequeno demais para conter o desenvolvimento da seguinte idéia, mas do que eu acuso o Imperador quando me refiro ao governo pessoal, não é de exercer o governo pessoal, é de não se servir dele para grandes fins nacionais. A acusação que eu faço a esse déspota constitucional, é de não ser ele um déspota civilizador; é de não ter resolução ou vontade de romper as ficções de um parlamentarismo fraudulento, como *ele sabe* que é o nosso, para procurar o povo nas suas senzalas ou nos seus mocambos e visitar a nação no seu leito de paralítica.

(...) A conduta dos pensadores da escravidão, votando a lei Saraiva, foi um plano de defesa admirável.

O Partido Conservador revelou verdadeiro gênio estratégico, e ao mesmo tempo grande superioridade de superstições da honra política, em todos os seus movimentos na questão abolicionista. Quem quer que seja o espírito diretor desse partido, é forçoso admitir que ele conhece bem a orografia do poder, e só leva consigo a bagagem moral precisa para viajar nessas montanhas. Não pode haver, na simples política do sucesso, nada mais perfeito do que foi: levantar, primeiro, a escravidão inteira contra o abolicionismo, receber o apoio solidário e compacto da agricultura unida, sacar ilimitadamente sobre a riqueza nacional acumulada, e depois da vitória dessa intransigência da propriedade contra o comunismo, dessa cruzada dos homens de bem contra os que não têm nada a perder, ceder de repente, apresentar uma reforma como ainda mais adiantada que o projeto que originou a guerra civil, tudo para galgar o poder e cunhar moeda para a escravidão com os próprios sentimentos abolicionistas do país!

(...) O eclipse do abolicionismo na reação conservadora era inevitável, também a prostituição eleitoral, a perseguição dos escravos, a paralisia da lei.

A situação liberal, é preciso dizê-lo, foi um período de apostasia e desfalecimentos no poder, mas foi também um grande período de agitação no país. Ela perdeu-se pelo que produziu, mas há de ser salva pelo que semeou. Apesar de tudo foi uma época de vida e de movimento, em que os governos pelo menos aparentavam respeitar a opinião. Hoje o espírito que sopra sobre o país é um espírito de mercantilismo, de estupidez, e de indiferença moral. O ideal conservador entre nós é a estagnação no embrutecimento, o rancor no exclusivismo, o silêncio na corrupção. A nação ia despontando, hoje não se atreve mais a murmurar. É o reinado da escravidão soberana, da autoridade discricionária, da força bruta e irresponsável.

O Brasil voltou a ser um mercado de escravos, em alta; os cativos perderam o começo de apoio que iam encontrando na magistratura; a agitação dos espíritos está sendo substituída pela sombria resignação ao triste destino do brasileiro; as finanças ficarão reduzidas ao que lhes pode dar o espírito conservador, que é unicamente uma liquidação ruinosa, porque somente grandes reformas sociais podem restabelecer o crédito público; a centralização terminará sua obra de ruína das províncias, ao passo que a intolerância facciosa do governo tratará em toda parte, na marinha como no exército, na engenharia como na magistratura, na vida pública como na privada, os liberais independentes como excomungados da Idade Média *.

---

* Extraído de: *O erro do Imperador*. Opúsculo publicado em 1886. In: *Campanhas de imprensa*. p. 234-47, passim (Obras Completas, v. 12).

Aliança do sistema político com a resistência escravista — 3

Em toda parte os abolicionistas sentem que a opinião está sendo resfriada por uma forte corrente glacial que desce do pólo de São Cristóvão. O povo está INDIFERENTE À SUA PRÓPRIA COR. Nem mesmo o sinal visível de que a escravidão dormiu com ele no berço lhe traz reminiscências dela. Vê-se em todo o país o cansaço que sucede a um esforço superior à elasticidade do organismo, à concentração do espírito em uma obra de desinteresse.

Dois anos, ou três, de abolicionismo, isto é, de preocupação da própria dignidade, parecem ter gasto a reserva de moral da nação, a sua capacidade de ressentir. E que maior serviço para um governo do que presidir a essa volta do país no seu contentamento habitual? Que satisfação igual à de ver de repente, pelo efeito da subida do Partido Conservador, a face da nação que parecia arder com a chama do pudor, revelando a excitação do cérebro sob a pressão da honra, descorar de novo em sua palidez caquética?

Eu não creio que o Imperador agradeça nada ao Sr. Cotegipe tanto como essa metamorfose nacional. Por todos os motivos, o Imperador não pode estimar que se fale muito em escravidão.

(. . .) Mas o Eclipse do Abolicionismo já tem durado demais. É preciso sacudir esse torpor e recomeçar a campanha. Nós devíamos estar preparados para ver alguns conservadores, que dizendo-se abolicionistas, combateram conosco os ministérios liberais escravocratas, abandonarem-nos logo que se formasse o primeiro ministério escravocrata conservador. Eles achavam que nós, pela idéia abolicionista, podíamos guerrear sucessivamente (excetuando o Gabinete Dantas) todos os governos do partido, mas em combaterem eles um governo conservador pela mesma idéia, nunca pensaram seriamente. Fazendo-se de abolicionistas na situação liberal, estavam apenas trabalhando para a elevação do seu próprio partido! Alcançando o fim, quem se lembra mais de tudo o que eles disseram e escreveram durante o seu disfarce? Nem eles mesmos. O exemplo dessa defecção começou na Câmara com os abolicionistas cearenses.

Por outro lado também o desânimo era natural. Depois de uma propaganda pela liberdade como nunca se tinha visto em nosso país, depois de termos levado a quase todas as consciências, a convicção de que a escravidão é um *crime*, depois de termos criado um interesse palpitante pela sorte dos escravos, o que resultou de todos os nossos esforços?

A escravidão apoderou-se do movimento abolicionista por meio de uma simulação, e conseguiu, em nome das nossas idéias, duplicar, triplicar, quadruplicar o valor dos seus escravos, constituir para si mesmos um fundo de amortização lançando impostos sobre os seus adversários e as suas vítimas, e, o que é pior, retocar a lei de 28 de setembro na parte que a constrangia: o modo do resgate, violando o direito mais valioso do escravo, o único por meio do qual ele podia chegar a ser tratado como um homem e ter uma família, também humana, e não animal, em nosso país.

Quem quer aquecer com o seu próprio ardor moral uma sociedade enregelada, há de sentir-se penetrado do frio exterior nos momentos de inércia e de repouso. Mas basta de estupefação e desgosto.

Hoje o dever de continuar a luta resulta mesmo da segunda lei de 28 de setembro *.

---

* Extraído de: *O eclipse do abolicionismo*. Opúsculo publicado em 1886. In: *Campanhas de imprensa*. p. 249-55, passim (Obras Completas, v. 12).

II. ESTUDOS E DEPOIMENTOS HISTÓRICOS

4. IMPÉRIO

O Gabinete Zacarias — 1

Retirando-se o Gabinete Olinda, o Imperador, que não queria dissolver a Câmara na constância da guerra, apela para Zacarias, dos chefes progressistas que não tinham figurado naquele ministério o único capaz de organizar uma nova administração. Zacarias, como o referia ele mesmo na Câmara, relutou muito em aceitar essa missão e só na quarta conferência com o Imperador rendeu-se à vontade dele. Em 3 de agosto, o Ministério ficava organizado assim: Zacarias, na Fazenda; Fernandes Torres, senador, antigo ministro de 1846, no Império; Paranaguá, na Justiça; Martim Francisco, em Estrangeiros; Afonso Celso, na Marinha; Ferraz, na Guerra; Dantas, na Agricultura. A continuação de Ferraz foi ainda devida à insistência do Imperador. "Fui ontem ao Paço", escreve Ferraz em 2 de agosto a Nabuco, "depois de por escrito me haver escusado e lá exigiu-se de mim (...) Resisti, e, não obstante isto, se me disse que não se admitia a escusa, e levantando-se, disse-me, sem mais querer ouvir-me, que fosse ao Zacarias e com ele me unisse. O Zacarias não sei ainda o que terá feito..." O gabinete, como se vê, era todo progressista. A divisão do partido estava consumada, porque os dois grupos iriam às eleições de 1867 em nome da desunião, como tinham ido às de 1863 em nome da união. Era, em todo sentido, um ministério de combate; a oposição, ao vê-lo entrar na Câmara, sabia a sorte que a aguardava nas urnas; seria uma exterminação quase completa, apenas em um ou outro reduto liberal algum *Romano* conseguiria fazer-se reeleger; os conservadores seriam melhor tolerados pelo gabinete do que os velhos liberais que tinham concorrido para a vitória de 1863 e depois reclamado a sua parte do contrato. Era isso o que Nabuco quisera evitar: perseguir os aliados com as próprias armas que eles lhe deram, fazer o que fizera Furtado contra os antigos conservadores, já agora exclusivamente chamados progressistas, e o que ia fazer Zacarias contra os históricos, ou antigos liberais. Apesar da derrota eleitoral certa, e com a coragem, a resignação do suicídio, próprias das nossas oposições, no dia em que se apresenta à Câmara, o gabinete é recebido com uma moção de desconfiança que reúne 48 votos contra 51. Essa maioria de 3 votos dava-lhe para atravessar o resto da sessão e fazer a nova Câmara que o havia de apoiar.

Na organização do seu gabinete, Zacarias revela duas qualidades: adivinhação dos homens de futuro e decisão nos golpes. Uma vez que o partido estava dividido, ele aceitava a divisão e estava pronto a levá-la até onde a oposição quisesse; para isso procurava os homens mais capazes de vencê-la. O seu gabinete era nesse ponto constituído de modo diverso dos dois outros, de vida efêmera, a que presidira: os homens novos de que ele se acercara tinham os requisitos para a luta a todo transe, e, escolhendo-os, pode-se dizer que ele os criou chefes e dividiu entre eles o Império: Dantas que então representava Saraiva, Afonso Celso que representava Silveira Lobo, Sá e Albuquerque, que se sabia ter sido convidado, e Martim Francisco, tornavam-se os donatários liberais da Bahia, de Minas, Pernambuco e S. Paulo.

É nesse gabinete que se deve estudar a fisionomia política de Zacarias, o seu momento; porque é nele que o estadista se mostra em seu completo desenvolvimento. Antes, ele é um espírito flutuante; depois, quando lhe vem ao mesmo tempo a saciedade e o despeito, será um buliçoso, que toca em tudo, implacavelmente, em sua própria glória, (às vezes cruelmente: reforma do elemento servil) mas sem revolta interior, porque com a saciedade não há espírito, por mais irrequieto, que se torne revolto, não há ressentimento que possa fazer explosão, — o que não impede que em política a mais dissolvente de todas as ações seja a desse tédio incontentável que a saciedade produz, sobretudo aliada ao gênio demolidor, à crítica irreprimível, à satisfação de abater, à inabilidade para organizar.

A ruptura do Partido Liberal faz-se com estrondo; a luta entre históricos e progressistas, durante os dois anos da administração Zacarias, será uma das mais renhidas, das mais vivas e das mais cheias de ódio e rancor pessoal em toda a nossa história política. É desse ministério que data a campanha, que não cessará mais, de todas as oposições, contra o "imperialismo". *O imperialismo e a reforma* fora o título de um opúsculo, publicado anonimamente por Souza Carvalho em 1865, que advoga a idéia da eleição direta e censitária. A brochura de Souza Carvalho era a descrição imparcial do nosso mal político, acompanhada do pretenso remédio, — pretenso, porque a eleição direta em pouco tempo devia ficar tão viciada, tão escravizada à candidatura oficial, como a eleição indireta na sua pior época. Em outro livro, de 1867, escrito por Tito Franco, o "imperialismo" já não era somente a expressão do absolutismo constitucional, a que a falta de eleições reais reduzia o nosso regime chamado representativo; não era só o fato do *polichinelo eleitoral dançando segundo a fantasia de ministérios nomeados pelo Imperador*; o "imperialismo" exprime a ação do próprio poder irresponsável, "causa verdadeira e única da decadência política e social do país"; "a aspiração ao poder absoluto em um país livre, desprezando a Constituição e nulificando a nação representada em seu Parlamento". Os conservadores, por seu lado, muito desanimados com a vitória da Liga e o desmembramento do seu partido, não imaginando então que voltariam em breve ao poder pela influência de Caxias, denunciavam o "imperialismo" com a mesma acrimônia que os liberais. Não somente ao jornal que no Recife obedecia a Camaragibe, mas também aos órgãos do Partido Conservador em S. Paulo e outros pontos do Império, escapavam frases, freqüentes na imprensa liberal, depois recolhidas pelos republicanos; na sua impaciência, os conservadores responsabilizavam pelo fato de não estarem no poder a mesma Coroa que os liberais acusavam por não estarem eles. Um pequeno jornal, a *Opinião Liberal*, a cuja frente se achavam jovens escritores radicais, já em evolução republicana (Rangel Pestana e Limpo de Abreu), eco dos Ottonis, em quem estava representada a tradição ultrademocrática, extremava os dois campos liberais, atacando de preferência a Coroa, procurando, a seu ver, a causa final. Zacarias era considerado nessa época um instrumento do imperialismo, como fora o Marquês de Olinda, como será mais tarde o Visconde do Rio Branco, e, de fato, conservando Ferraz no ministério, resolvendo não fazer a paz em circunstância alguma com López, dando a Caxias o comando-em-chefe, fazendo o Conselho de Estado discutir sem intermitência uma série de projetos de S. Vicente, mostrava Zacarias conformar-se inteiramente à política própria do Imperador. Por isso mesmo, ele romperá mais tarde com o Imperador, como não chegaram a romper

Paraná nem Eusébio de Queirós, como que procurando estabelecer com os seus epigramas uma incompatibilidade pessoal com o Soberano, talvez por ter sido um momento suspeito de favoritismo. O fato é que o Imperador não escolhia os presidentes do Conselho por serem maleáveis ou dóceis; mas Zacarias devia aliar à sua conhecida sobranceria singular deferência às indicações do Imperador para ter sido chamado três vezes seguidas e para ter sido sustentado por ele em um momento, como foi o da guerra, em que a sua vontade não toleraria obstáculos. A história do reinado é que quanto mais caprichoso ou dominador o seu caráter, mais condescendentes os nossos homens de Estado se mostravam para com o Imperador, mais se deixavam influenciar por ele. Isso é uma prova de que a iniciativa, a criação, não se encontram sempre unidas à força de vontade, à emulação do mando, à imposição do caráter. Espíritos que são verdadeiras sensitivas em frente de qualquer inspiração alheia, estão às vezes ligados a caracteres humildes, a vontades apagadas, cuja única força é a renúncia de tudo que não seja o seu próprio impulso; por outro lado, temperamentos imperiosos, esforçados, rudes mesmo, não têm em certos casos resistência intelectual, nenhuma vida própria, no domínio da imaginação e do pensamento *.

O Gabinete Zacarias — 2

No interior, a luta, entre as duas frações do Partido Liberal, era rancorosa e violenta. Lavrara ódio contra Zacarias na oposição radical, e ele parecia deleitar-se em provocá-lo. O seu talento de orador parlamentar, emancipando-se, com a idade e a experiência, e impondo-se, com o prestígio da posição, tinha-se tornado incomparável. Não era, como o de Martinho Campos, uma capacidade ilimitada de incomodar e aborrecer o adversário, era uma espécie de pugilato científico. Independente pela fortuna, aristocrata por reclusão de hábitos e altivez de maneiras, o prazer de Zacarias na vida parecia resumir-se em preparar todas as noites os golpes certeiros com que havia, no dia seguinte, de tirar sangue ao contendor. Era-lhe preciso uma sessão cada dia para esgotar os epigramas, as alusões ferinas, os quinaus humilhantes que levava na algibeira. Falava no Senado diariamente, como o jornalista escreve o artigo de fundo, com a maestria, a indiferença, a versatilidade que dá o hábito em qualquer profissão. Mesmo no ministério, o oposicionista

---

* Extraído de: O gabinete; o imperialismo. In: *Um estadista do Império.* Ed. Garnier, v. 3, p. 1-6.

mal se disfarçava; de fato, o ministro não era, nele, senão um oposicionista à oposição que o combatia, à maioria que o acompanhava e à própria Coroa. Uma palavra assim penetrante, vitriólica, desdenhosa, dissolvia todas as vaidades no ridículo, corroía todos os prestígios, e naturalmente exasperava os adversários, como Cristiano Ottoni, que possuía, em escala também excepcional, a faculdade do vitupério. A arma deste, porém, era pesada, embotada, difícil de manejar, ao lado da lâmina flexível, reluzente e leve do consumado mestre. Durante os dez últimos anos de sua vida, de 1867 a 1877, Zacarias, pode-se dizer, exerce no Senado uma verdadeira ditadura parlamentar: diariamente o público procura os seus discursos para ver que castigo ele infligiu na véspera ou que tarefa impôs aos ministros recalcitrantes e a seus próprios companheiros; ele é um censor romano, que exerce, sem oposição de ninguém, a vigilância dos costumes políticos, até nos mínimos pormenores, como o comprimento das sobrecasacas dos senadores, a postura ministerial, a pronúncia de palavras inglesas. Nesse papel, ele aplica por vezes a mais cruciante tortura a homens de altíssimo pundonor e correção, e isto sem consciência talvez do sofrimento que suas reticências, seus sorrisos glaciais, suas concessões graciosas lhes causavam. O gosto da dissecação em política é um dos mais perigosos de satisfazer sem reserva. O anatomista facilmente esquece que tem debaixo do escalpelo as fibras e os nervos mais delicados de um corpo vivo, ao qual a honra veda a confissão da dor, e entrega-se ao prazer de retalhá-lo. Zacarias tinha a paixão da vivisseção, o gênio e o instinto cirúrgico; sentia o gozo, como que profissional, de revolver as vísceras para procurar o tumor oculto.

Alguns espíritos liberais gravitam já nesse tempo para a república, começa-se a assentar o plano inclinado do Império. Tavares Bastos, um deles, escrevendo a Nabuco (13 de dezembro de 1867) da "ribeira mediterrânea onde fora fugindo do inverno do Norte", denuncia já a nova tendência:

"Tristíssimos tempos, Sr. Conselheiro. É a época dos cardeais de casaca: aqui o Rouher, lá o nosso Zacarias! Vim buscar inspirações à Europa. Levo-as, mas quão diversas do que eu sonhava! Este é um mundo que se acaba. A política européia está a tocar o seu *millenium* fatídico; parece que nas vésperas do ano 2000, governos e povos tremem de pavor. Sente-se o ranger das peças de um edifício que se esboroa".

E referindo-se ao rumor da abdicação de Victor Emmanuel:

"Entre parênteses, sempre me pareceu um privilégio bem singular, esse que se arrogam os senhores reis; quando ninguém os quer, abdicam, agravando a sorte dos povos que abandonam. Por que não se retiram quando ainda é tempo de curar o mal e remover o perigo da anarquia? Não estou pensando no Brasil ao escrever estas últimas linhas. E, com tudo, bem se podia pensar que o nosso Brasil achar-se-á a braços com embaraços da maior gravidade, se continuar o mesmo *modus vivendi* (...)"

Nabuco era contrário a todo e qualquer exclusivismo e por isto sentia a dilaceração do campo liberal. A Silvinho Cavalcanti escrevia ele em 16 de abril de 1867:

"A política está por aqui muito complicada, e não sei qual será o desenlace desta, a maior crise que o Brasil tem tido. Sinto estar metido pela minha posição neste grande barulho".

Muitos dos governistas só esperam em Nabuco. Saldanha Marinho, um dos principais, escreve-lhe (3 de dezembro, 1867) da presidência de S. Paulo:

"Esse homem" [Ottoni a quem combatera em Minas], "privou-me da liberdade, e, na falta desta, acho-me jungido a uma posição que me aniquila, mas da qual não posso, nem devo sair, para *não dar desculpas a ninguém*" [ao Imperador para não escolhê-lo senador]. "Vamos por diante e chegaremos, eu ainda o espero. Mas, creia, só tenho esperança no conselheiro Nabuco, cuja língua eu entendo perfeitamente. Com este servirei sempre com vontade e dedicação: sabe o que faz, conhece a situação do país, e procura remediar muitos males que nos afligem".

Os jornais da oposição o indicam para o governo. Não somente os progressistas e os históricos, para quem ele é a única esperança de união do partido; conservadores mesmo, que, não julgando iminente a volta do seu partido, sabiam que a administração presidida por ele seria de tolerância, de justiça; que a *conciliação*, fora o sinal indelével do seu batismo ministerial, em 1853, e que ele nunca a abjurara. A Nabuco, porém, não convinha o poder.

De certo ele não previa a volta próxima do Partido Conservador, que parecia esfacelado desde 1862, e por isso não afastava a hipótese de uma nova conciliação que unisse os homens de valimento. Recomendando ao Visconde de Camaragibe o conselheiro Silveira Lobo, que ia presidir a província de Pernambuco, dizia-lhe:

"... é tempo de constituir uma grande opinião, patriótica, generosa, composta de todos que desejam salvar e engrandecer este país, minado de intrigas e paixões exclusivistas e odiosas".

Nas eleições de 1867, Nabuco empenha-se por Fleury, Couto de Magalhães, Pinto Lima, Tavares Bastos e muitos outros, sem levar em conta a adesão partidária, a qualidade de ministerial ou oposicionista, inimigo instintivo como era de Câmaras unânimes, para ele a degradação do sistema representativo, dignas todas de dissolução prévia. Nessas eleições Souza Franco, Furtado, Chichorro, Teófilo Ottoni, Valdetaro, Macedo, Mello Franco, Cristiano Ottoni, J. Liberato Barroso, Henrique Limpo de Abreu, Pedro Luís, lançam contra o Gabinete Zacarias um manifesto acrimonioso:

> "Em vez de tocar a fibra nacional, apelando para o alistamento dos voluntários (...) chegou ao ponto de atirar ao seio do exército, como para salvar o pavilhão brasileiro, uma centena de galés de Fernando de Noronha!"

Por outro lado surgem na Bahia dois *notáveis* esquecidos, havia anos retirados da política, o Barão, depois visconde, de S. Lourenço, e o Barão de Cotegipe, dizendo ao gabinete: "Em maio estaremos no Senado". No Rio de Janeiro venceram conservadores nos distritos em que o governo não sustentou o candidato liberal mais forte, por não ser *progressista*, como Eduardo de Andrade Pinto, Valdetaro, Pedro Luís; Minas elegeu Martinho Campos, Cristiano Ottoni, Prados e alguns outros históricos; mas a maioria progressista era esmagadora; o velho liberalismo era praticamente repelido da Liga. Na sessão de 1867, à frente dessa maioria, o gabinete não encontra tropeços à sua marcha: a oposição dos barões no Senado converte-se em uma guerra de anedotas e epigramas, na qual o presidente do Conselho sentia-se sem medo contra os velhos Luzias, a quem essa irreverência dos moços como que desgosta e desanima da política. A fraqueza, porém, do ministério era, por assim dizer, ingênita; consistia na dependência em que ele mesmo se havia colocado para com o generalíssimo das forças brasileiras em operações no Paraguai *.

1868 — Discurso do Sorites

Nabuco durante o Ministério Zacarias tinha-se conservado quase silencioso; no dia, porém, em que se apresenta no Senado o ministério conservador, é ele quem rompe e debate. Foi esse o grande ato impulsivo

---

* Extraído de: A divisão dos liberais; Tendências republicanas; Eleições de 1867 In: *Um estadista do Império*. Ed. Garnier, v. 3, p. 104-9.

de Nabuco; o momento, por assim dizer inconsciente, em que o deus desconhecido se apossa do oráculo e lança pela boca dele palavras irretratáveis, que geram o pânico ou inflamam o entusiasmo nas multidões, à espera da enunciação profética.

O debate foi solene como todos os que precediam as dissoluções, tão solenes como estéreis, a causa já estando julgada. A Câmara mesma tinha-se reunido no recinto e nas tribunas do Senado para ouvir, nessa sessão de 17 de julho de 1868, a primeira palavra sobre a sua sorte. O discurso que Nabuco pronunciou foi curto, mas foi talvez o fato de mais sérias conseqüências em sua carreira política. Com efeito, esse discurso, que será conhecido como o discurso do *sorites*, é o estalo da geleira que se vai precipitar das alturas do Senado e do Conselho de Estado; por outra, é o sinal de uma dessas desagregações de sistemas, que começa às vezes por uma palavra de premonição, por uma reivindicação justa, por uma reforma simples, pela limitação de um abuso inveterado, mas que na marcha assume outro caráter; não é mais o retoque, o traço fino, quando seja profundo ou abstrato, de juristas, publicistas, ou filósofos; adquire, como princípio corrosivo, o ódio, o despeito, a maldade, o mal-estar dos descontentes; como força mecânica, a torrente das aspirações irrealizáveis, das idéias novas indefinidas, da antiga ordem de coisas desapontada, até que o campo das instituições fica todo coberto das *roches moutonnées* da Revolução. Bastou o fervor, a fé viva dessa palavra inesperada, para unir as duas frações hostis do Partido Liberal em um só corpo, para infundir na opinião liberal, no momento em que era rejeitada do poder, a renovação de uma vida amplíssima, como nunca tivera, porque a vida não é senão a posse do futuro pela confiança, e em política, pela certeza do triunfo interrompido. No momento da queda, da morte política, a intensidade dessa intimação de uma ressurreição infalível, feita por Nabuco do alto da tribuna do Senado, insuflará no Partido Liberal esperança que não o deixará dissolver-se nem efeminar-se durante os dez anos que se vão seguir. Sua veemência, nessa ocasião, honra a generosidade do seu temperamento: não era ele que caía e sim um ministério, cuja política ele não defendera; identificar-se com uma situação quando ela cai, e com uma convicção que não se mostrou quando ela estava no fastígio, é pelo menos a prova de que não se é cortesão da fortuna. Esse discurso fazia de Nabuco, nessa mesma hora e no próprio Senado, chefe do Partido Liberal unido; obliterava completamente, aos olhos dos históricos, a sua origem conservadora, assim como a de todos os da mesma procedência. É nos momentos da provação e da adversidade que o verdadeiro chefe se faz e se impõe, porque neles é que o desinteresse dos motivos se torna visível para todos. Mas de que servia a um homem sem ambição como Nabuco, a nova categoria de "chefe dos chefes", de "Agamenon", que ele vai ocupar nos conselhos do partido durante esse sítio de dez anos em torno do poder pessoal? O seu movimento fora espontâneo, puro, desinteressado; não fora senão a apreensão, pela primeira vez nítida, clara, ofuscante, da realidade do nosso sistema político, que nunca foi, nem podia ser, outra coisa, em falta de eleições verdadeiras, senão a alternação dos partidos no governo a contento do Imperador. O discurso de 17 de julho foi um acontecimento decisivo, neste sentido: que se Nabuco tem pronunciado outro, tomado outra atitude, declarado a bancarrota da Liga, reivindicado a sua liberdade de ação, começado a distanciar-se como Olinda, a feição da nossa política teria sido inteiramente diversa. Estava nas mãos dele nesse momento, — que era um verdadeiro momento de criação, em que, portanto, só podia intervir um *fiat*, uma palavra criadora, como a sua foi sempre em política, — ou dissolver a Liga, acentuando a autonomia do seu elemento conservador, levantando o princípio da autoridade; ou dar o sinal da união, do esquecimento do passado, para a formação de um grande partido democrático, homogêneo, que disputasse a popularidade à idéia republicana, cuja força imaginativa Nabuco recompunha lembrando-se de 1831. Qualquer dos dois caminhos, parece certo, teria conduzido ao mesmo desenlace, através somente de regiões diferentes. Robustecer "a oligarquia", era talvez precipitar ainda mais rapidamente a imaginação, o entusiasmo liberal, para a república. Nessa manifestação repentina contra o absolutismo da Coroa, Nabuco era movido pelo instinto monárquico, pela idéia de evitar a debandada, o abandono. O tom do discurso é deliberado, mas entrecortado, nervoso, quase jactante, — no entanto impulsivo, — como se o orador estivesse fazendo um esforço e assumindo uma atitude, de que só ele mesmo podia calcular toda a gravidade, medir as conseqüências ulteriores. Reproduzo-o na íntegra porque, de algum modo, com ele começa a fase final do Império:

> "O Sr. Nabuco: — Sr. Presidente, sou chamado à tribuna por um motivo que em minha consciência (talvez esteja em erro), é muito imperioso. Este motivo, senhores, é que tenho apreensões de um governo absoluto; não de um governo absoluto de direito, porque não é possível neste país que está na América, mas de um governo absoluto de fato.
>
> O Sr. Ottoni: — Apoiado.

O Sr. Nabuco: — O porquê, senhores, hei de dizer.

Apenas quero fazer um protesto contra a legitimidade do ministério atual...

O Sr. Ottoni: — Muito bem.

O Sr. Nabuco: — ... mas peço aos nobres ministros da Coroa que, se porventura acharem inconveniência no que digo, em relação à posição que ocupo de conselheiro da Coroa, eu lhes peço, digo, a exoneração do cargo de conselheiro de Estado, porque, senhores, prefiro a tudo a missão que recebi dos meus concidadãos de acompanhar a opinião que me elegeu e que me colocou neste lugar.

O Sr. Ottoni: — Muito bem.

O Sr. Nabuco: — Já declarei que não pretendia dizer senão muito poucas palavras. Segundo uma expressão que em outros anos eu repetira quando ascendeu ao poder o ministério de 24 de maio, eu direi: 'Não é aqui que se fazem ou desfazem os ministérios'. Não quero demorar o momento em que o ministério deve ouvir o *veredictum* dos eleitos imediatamente do povo a respeito da sua aprovação ou da sua reprovação; quero apenas fazer um protesto (eu já vou dizer), não sobre a legalidade do ministério atual, porque em verdade a Coroa tem o direito de nomear livremente os seus ministros, mas sobre a sua legitimidade. E vós concebeis a diferença que há entre legitimidade e legalidade. A escravidão, *verbi gratia*, entre nós é um fato autorizado por lei, é um fato legal, mas ninguém dirá que é um fato legítimo, porque é um fato condenado pela lei divina, é um fato condenado pela civilização, é um fato condenado pelo mundo inteiro.

Dizia Santo Agostinho que a Providência era tão grande que não permitia o mal senão porque era tão poderosa que dele derivava o bem. O bem a que eu aludo, senhores, é a unidade do Partido Liberal, é a concentração de todas as forças democráticas no sentido de salvar o sistema representativo, que entre nós está em manifesta decadência.

Se me levasse pelo meu coração, eu seria todo do gabinete atual, porque reconheço no ministério todas as habilitações, tenho aí amigos a quem respeito, caracteres a quem consagro dedicação e até fanatismo; mas, senhores, a minha cabeça diz-me que devo ser do meu país, que devo cumprir a missão que dele recebi.

Está demonstrado o bem a que eu aludia. Este bem, senhores, é, como disse, a concentração de todas as forças liberais para o grande fim da salvação do sistema representativo no Brasil.

Nem é ocasião hoje de inquirir por que eu sou liberal, o que pôs em dúvida o nobre senador pela minha província.

O Sr. Barão de S. Lourenço: — E ainda ponho.

O Sr. Nabuco: — Ah! ainda põe!

Bastaria, senhores, este fato de anormalidade, de exceção do sistema representativo para justificar o meu concurso com as forças que se acham congregadas, para o grande fim da salvação do sistema representativo.

E como não inquiro qual a razão por que o nobre ministro dos negócios Estrangeiros, qual a razão por que o nobre ministro dos negócios da Justiça, qual a razão por que o nobre ministro dos negócios da Agricultura, exprimem hoje no ministério uma opinião conservadora, quando eles foram proximamente liberais, não deveis inquirir qual a razão, se não houvesse esta a que aludo, por que me acho unido com os liberais para aquele grande fim.

Senhores, havia no Parlamento uma maioria liberal constituída pela vontade nacional; uma maioria tão legítima, tão legal, como têm sido todas as maiorias que temos tido no país...

O Sr. Zacarias e outros senhores: — Apoiado.

O Sr. Nabuco: — ... tão legítima, tão legal como podem ser todas as maiorias, que hão de vir enquanto não tivermos liberdade de eleição...

O Sr. Visconde de Jequitinhonha: — Isso é exato; todas são assim.

O Sr. Nabuco: — Havia um ministério que representava essa política. E dizei-me: essa política tendia a decrescer? Não; pelo contrário, tendia a aumentar, tendia a um grande desenvolvimento, desde que o nobre senador pela província do Rio de Janeiro (Octaviano) aconselhou a unidade dos lados em que se dividia o Partido Liberal.

Essa maioria tendia, por conseqüência, a crescer; o ministério, que a representava, decaiu, não por uma vicissitude do sistema representativo, não porque uma minoria se tornasse maioria, mas por diferenças que houve nas relações da Coroa com os seus ministros.

Dizei-me: o que é que aconselhava o sistema representativo? O que é que aconselhava o respeito à vontade nacional? Sem dúvida, que outro ministério fosse tirado dessa maioria. Mas fez-se isto? *Não, senhores, e devo dizer, foi uma fatalidade para as nossas instituições.* Chamou-se um ministério de uma política contrária, adversa à política dominante, à política estabelecida pela vontade nacional: foi chamada ao ministério uma política vencida nas urnas, que tinham produzido a maioria que se acha vigente e poderosa no Parlamento.

Isto, senhores, é sistema representativo? Não. Segundo os preceitos mais comezinhos do regime constitucional, os ministérios sobem por uma maioria, como hão de descer por outra maioria; o Poder Moderador não tem o direito de despachar ministros como despacha empregados, delegados e subdelegados de polícia; há de cingir-se, para organizar ministérios, ao princípio dominante do sistema representativo, que é o princípio das maiorias.

O Sr. Ottoni e outros senhores: — Apoiado.

O Sr. Nabuco: — Pois sem dúvida, senhores, vós não podeis levar a tanto a atribuição que a Constituição confere à Coroa de nomear livremente os seus ministros; não podeis ir até o ponto de querer que nessa faculdade se envolva o direito de fazer política sem a intervenção nacional, o direito de substituir situações como lhe aprouver.

Ora dizei-me: não é isto uma farsa? não é isto um verdadeiro absolutismo, no estado em que se acham as eleições no nosso país? Vede este *sorites* fatal, este *sorites* que acaba com a existência do sistema representativo do nosso país!

O Sr. Fonseca: — É como tem sido.

O Sr. Silveira da Mota: — É o que estava.

O Sr. Barão de S. Lourenço: — Peço a palavra.

O Sr. Nabuco: — Vós vos queixáveis, senhores, de 1863, eu também me queixei, como os liberais tinham o direito de se queixarem de 1842, de 1848 e de 1868; mas vede a diferença que há de 1868 para 1842, 1848 e 1863. É que em 1842, em 1848, em 1863, havia um ministério que tinha subido ao poder por meio de uma maioria parlamentar; mas hoje não.

O Sr. Rodrigues Silva: — Em 1848? Foi a *patrulha*.

O Sr. Nabuco: — Em 1848 havia um ministério que tinha subido ao poder por meio de uma maioria, o ministério existente, não me refiro ao novo ministério.

Mas não quero, como já disse, demorar os instantes em que o novo ministério tem de ouvir o *veredictum* parlamentar. Contento-me simplesmente com fazer este protesto, como hei de fazer outros e desenvolvê-los, se porventura o ministério não tiver de dissolver a Câmara dos Srs. Deputados, matar completamente esta situação.

No coração do próprio ministério, como na consciência de nós todos, está o reconhecimento da ilegitimidade do gabinete atual e de todos os ministérios que forem saídos, não das maiorias, mas simplesmente da vontade do poder irresponsável.

Esta é a minha opinião.

O Sr. Ottoni e outros senhores: — Apoiado, muito bem".

Nabuco com essas palavras acreditava fazer a fotografia do nosso sistema representativo, dizer a verdade ao país e à Coroa com a franqueza que a sua posição lhe impunha: a sua atitude pareceu, entretanto, um rompimento com o Imperador, porque a liberdade do seu comentário constitucional, que não visava a ação pessoal do Soberano e sim a falta de eleições, que o tornava árbitro dos destinos do país, não foi suficientemente atenuada para as massas. Pela primeira vez no Senado falava-se essa linguagem, taxava-se de *ilegítimo* o uso de uma atribuição constitucional, e pela primeira vez um conselheiro de Estado abria mão da sua posição nos conselhos da Coroa para manifestar ao país, do alto da sua cadeira de senador, as *"suas apreensões de um governo absoluto de fato"*. A verdade, entretanto, é que Nabuco assim procedia cheio de respeito pela pessoa do Imperador, e só com o pensamento de evitar as conseqüências do golpe que ele qualificou *como uma fatalidade para as nossas instituições.*

A surpresa de 16 de julho deve ter sido grande nele, para assim transformá-lo de repente em censor público da Coroa. Não era decerto a primeira vez, no seu longo reinado, que o Imperador chamava ao poder a pequena minoria da Câmara, com hipoteca tácita da dissolução; essa subversão dos partidos em maioria tinha-se dado por vezes, mas só outra geração conhecera igual crise, isto é, um golpe direto da Coroa: a demissão de Paraná em 1844 pela recusa de uma demissão dentro das atribuições do Executivo, seguida do golpe de 2 de fevereiro. Em 1848 a queda dos liberais foi obra, por assim dizer, da sua própria maioria na Câmara. Em 1842 a dissolução da Câmara liberal foi também uma intervenção da Coroa, conseqüência da vitória que ela tinha dado a Aureliano Coutinho em 1841 contra os seus colegas do gabinete da Maioridade; mas esses primeiros anos de reinado ainda eram de revolução e o Imperador tinha dezesseis anos. A dissolução de 1863 foi uma insensível inclinação, talvez, da parte do Imperador, mas existia um gabinete que tivera maioria, quase unanimidade na Câmara e que, portanto, segundo a prática parlamentar inglesa, adquirira o direito de dissolver.

Durante meses a distinção entre *legalidade* e *legitimidade*, o temor do absolutismo, o sorites constitucional do discurso de 17 de julho, figurarão proeminentemente na imprensa política, aplaudidos pela liberal, flagelados pela conservadora. Os velhos liberais acreditavam remoçar, ouvindo em linguagem de 1868 os sentimentos da Regência.

"Nessa sessão", escreve Cristiano Ottoni, "T. Ottoni não pediu a palavra, porque aderiu, em tudo e por tudo, ao pronunciamento do Sr. conselheiro Nabuco. Acabava eu de ouvir a S. Ex.ª e fortificava-me com a sua sábia lição para lavrar o meu tímido protesto na outra Câmara, quando, ao sair, o senador Ottoni me disse estas palavras: — *Ouviste o Nabuco? Eu não pedi a palavra, porque nada tinha a acrescentar: limitei-me a aplaudi-lo*" *.

Nabuco de Araújo em meados dos anos 70

Nas últimas sessões legislativas em que tomou parte, Nabuco torna-se cada vez mais retraído e raro. Poucas vezes toma a palavra. Os seus discursos revestiram-se sempre da mesma solenidade; mas, exceto em uma ou outra grande questão por que se apaixona (em 1873, por exemplo, como vimos, a questão argentina, em 1874, a questão da conscrição), os discursos não têm mais o fogo, o princípio vital da eloqüência; acentua-se neles a feição de Meditações, de Lamentações políticas, que, ainda nos momentos da sua maior atividade, tiveram os discursos de Nabuco. O orador sente-se estranho à tribuna, separado do auditório; perde o contato das novas gerações, mostra-se cansado do espírito de agitação que as domina, e em que ele mesmo foi um instante envolvido. A vida concentrara-se-lhe no pensamento: era um solitário, um pensador; se falava ainda a linguagem dos partidos, se aparentava fé, se invocava ficções constitucionais, convenções políticas; em tudo isso sentia-se o toque gelado da experiência, a descrença interior de uma velhice sem dia seguinte, isto é, da velhice que não espera nada *para os moços*.

Diversas causas contribuíam para o desânimo de Nabuco em política, e como essa fora sua carreira, sua ambição, sua ocupação mais íntima desde a infância, o desânimo estendia-se do personagem ao homem, ao *ente moral e pessoal*, que bem pequena parte tinha reservado para si mesmo fora da profissão, da segunda personalidade que revestira, do acidente que deixara crescer e tomar o lugar da verdadeira substância.

Uma dessas causas foi a transformação radical que operaram no Partido Liberal as eleições de 1872, pela simples entrada de Silveira Martins para a Câmara. O partido que até então era dirigido sem contraste pelos velhos senadores, agora vê aparecer na Câmara dos Deputados um poder novo, capaz de disputar-lhes a autoridade, pronto a

---

* Extraído de: Atitude de Nabuco; O discurso do sorites (17 de julho de 1868). In: *Um estadista do Império*. Ed. Garnier, v. 3, p. 118-27.

medir-se com eles, para lhes tirar o séquito, a força do elemento popular, no qual eles se apoiavam. Já em outro lugar descrevi a importância política da aparição de Silveira Martins no Parlamento do Segundo Reinado: a sua revelação na Câmara, de algum modo, assinala o triunfo da agitação democrática, que devia, em 1889, levar de vencida o Trono. Os senadores liberais podiam falar à Coroa linguagem da maior gravidade; mas eles apontavam para o perigo da onda revolucionária, do radicalismo intransigente, cioso e inimigo da autoridade, por essência republicano, que sentiam trabalhar as entranhas do seu partido, e desse espírito novo, jovem ainda em 1868 e logo um gigante, a encarnação era Silveira Martins, uma das poucas forças individuais, verdadeiramente pujantes, que produziu a nossa política, figura de gladiador, comparada à débil musculatura que, em geral, ela emprestava aos seus combatentes. De fato, é só pelas proporções do tribuno vitorioso de 1872 que se pode avaliar a força impulsiva do espírito radical de 1868, que reflete na linguagem dos mais graves pensadores e conselheiros do Império. Diante da importância, que, pela presença de Silveira Martins, adquiria, perante o Partido Liberal e o governo conservador, a pequena bancada liberal da Câmara, quase toda ela rio-grandense, diante do ascendente do liberalismo radical, popular, que cercava e lisonjeava o tribuno, um velho conservador, que tinha feito a sua evolução liberal, como Nabuco, sentia que se devia retrair, a menos que quisesse ou dar arras da sua adesão, acompanhando os *adiantados*, para onde decidissem levá-lo, ou aparentar uma força que não tinha, somente representar de chefe.

No fundo, é essa a explicação do estado de espírito de Nabuco, como ressumbra dos seus discursos e da sua correspondência, desde 1873 sobretudo, até sua morte. Ele sente que nada pode fazer, que a política se move em uma esfera onde ele não influi mais, entre dois pólos contrários: entre o Imperador, que dirige, à vontade, o reinado (por meio dos partidos desunidos e desorientados, de que alternadamente se serve)', e a anarquia que o vai dissolvendo, e da qual o elemento conservador representa uma das faces: — a indolência, o egoísmo, a inércia, o fatalismo; e o liberal, a outra: — a impaciência, a curiosidade, o otimismo demolidor, conjunto inanalisável de ingenuidade invejosa e de presunção ignorante. Invadia-o o pessimismo, a tristeza dos homens de pensamento no meio de homens de palavra e de ação, do filósofo político em uma sociedade que não tem tempo para o escutar.

A verdade é que a época não era suscetível da reforma que Nabuco desejava, e que, em tais circunstâncias, só faria apressar-lhe a dissolução. O espírito que o dominava era o melhor, contanto que dominasse a sociedade inteira, e não apenas a alguns reformadores sinceros, e a sociedade não estava dominada de tal espírito de eqüidade, de conciliação, de justiça. Em semelhante fase, a eleição direta, por exemplo, só daria, como deu, resultados negativos; toda reforma seria desvirtuada na execução, convertida em agente de decomposição; todo impulso, toda subvenção, como ele desejava, por exemplo, com o Crédito Real, tornar-se-ia em especulação, só estimularia a ganância, não as indústrias, as artes, o desenvolvimento desejado, qualquer que fosse.

Desde o princípio, o calor, a luz, a vida para as maiores empresas, tinha vindo do Tesouro; em todo tempo, as grandes figuras financeiras, industriais, do país tinham crescido à sombra da influência e proteção que lhes dispensava o governo; esse sistema só podia dar em resultado a corrupção e a gangrena da riqueza pública e particular. Daí a expansão, cada vez maior, do orçamento e da dívida; a crescente indiferença e relaxação; por fim a aparição ao lado dos ministros, nas bancadas e corredores das Câmaras, nas secretarias de Estado, nas redações de jornais, de uma nova entidade: os intermediários, impropriamente chamados *advogados administrativos*, que, pouco a pouco, reduzirão a política a súdita do interesse particular, e farão dela qualquer que seja a abnegação, a dignidade, a pobreza dos seus homens, o auxiliar, o instrumento, o autômato, sem o saber e sentir, da especulação que sitia o Tesouro. Em uma fase social assim caracterizada, o reformador, qualquer que fosse o valor moral de sua idéia, não fazia senão concorrer com ela para dar novo alento à cobiça: cada reforma era mais um prato servido aos que se banqueteavam na casa do contribuinte, deixado de fora, mas obrigado a pagar o festim. É por milhares de contos de réis que se terá de computar essa desvirtuação das idéias, das aspirações, das iniciativas de toda ordem pela exploração, que em todo tempo cercou e por último dominou a nossa política: a princípio, rasteira, familiar, contentando-se com as migalhas de um orçamento severamente fiscalizado (pequenos lucros, subvenções, fornecimentos); depois, empreendedora, ousada, impondo-se em nome do interesse público, do adiantamento nacional, à boa fé, ao entusiasmo, à timidez dos políticos mais desinteressados e honestos (emissões, empréstimos, garantias de juros, concessões e rescisões de contratos, estradas de ferro, engenhos centrais, imigrantes, terras públicas, direitos proibitivos). A política propriamente dita perdia importância, ao passo que deixava desenvolver-se, à sua custa, o germe invasor que a devia matar; subordinava-se à função de servir a uma plutocracia tão artificial quanto efêmera, afetando a essa sua criação de um dia tarifas de alfândega, impostos, papel-moeda, crédito público. Bem poucos estadistas sentiam quanto seu papel era secundário, ingênuo; que, com seus discursos, suas frases, seus projetos, suas dissenções, eles não eram senão instrumento de que se servia, quando eles menos o suspeitavam, a ambição de fortuna que estava por toda parte. Que era todo o trabalho que eles faziam nas Câmaras, na imprensa, no governo, senão o revolvimento surdo e interior do solo, necessário para a germinação da planta? Eles, políticos, eram os vermes do chão; a especulação, a planta vivaz e florescente que brotava dos seus trabalhos contínuos e aparentemente estéreis; eles desanimavam, ela enriquecia. O próprio Imperador, o que fazia senão trabalhar sem descanso e sem interrupção em proveito dela, que se confundia com o progresso material, intelectual e moral do país? Só ela medrava, invadia, e dominava tudo, em torno dele; reduzia a política, o Parlamento, o governo, a um simulacro, ignorante da sua verdadeira função; utilizava todo o aparelho político para fabricar a sua riqueza nômade e fortuita, que às vezes durava tanto como uma legislatura, e logo decaía, se não do seu fausto, pelo menos do seu porte e altivez. Esse espírito de cobiça, em torno e com os recursos do Tesouro, criando leis como se descobrem minas de ouro, irá crescendo desde então, dia por dia, no caráter e índole do governo, como o outro espírito, a sede de transformações radicais no mecanismo político do Estado. Um mina, alui a sociedade no alto, o outro, embaixo; um alicia o interesse, o outro, a imaginação; por forma que, o fato de 15 de novembro de 1889, o baque da monarquia, precipitada pelo impulso do segundo, encontra o primeiro em tal grita e agitação de negócios, que a queda do Trono, no momento, passa quase desapercebida ao mundo financeiro, ao gigantesco parasita que havia sugado a melhor seiva da nossa política, o seu grande alento das épocas desinteressadas e patrióticas. Em tais condições para que falar? Para que entreter a curiosidade dos raros que ainda cultivavam em política o espírito do Direito, ou que ainda eram capazes de veneração? O prestígio substituíra o respeito: o respeito fora o reflexo do caráter sobre a opinião; o prestígio era o reflexo da situação que o homem de Estado ocupava ou podia ocupar; não havia mais propriamente o estadista, havia só o político, criatura de um dia, desenraizado, flutuante, sentindo que em nada se apoiava, que um sopro o precipitaria da altura a que fora elevado. Se a ambição ainda era forte e decidida, se o político era um candidato, um ano, dois anos, desse poder sem realidade podiam tentá-lo, apesar da mortificação da queda; mas, para aqueles de quem a vida se estava retirando, como Nabuco, que tinham entrado na fase do declínio, que prazer podia ter a simples competição por um posto de que conheceriam o desencanto? *

A reforma eleitoral de 1875

Na sessão de 1874 suscita-se a reforma da eleição, que o Visconde do Rio Branco não quer tornar direta. A discussão prolonga-se até a seguinte sessão, em que se torna lei o projeto do governo, o sistema do voto incompleto, do terço, deixado à representação das minorias. Nabuco, ao redigir o programa liberal de 1869, adotara, como vimos, a eleição direta somente para as cidades; no interior continuaria a antiga eleição de dois graus. Ainda em 1871 ele sustenta essa idéia no Senado: que a eleição direta não convinha ao nosso interior.

"O programa liberal", dissera ele (discurso de 19 de maio), "é censurado porque contém disposições diversas para as cidades e para o campo. Isto vem, senhores, do preconceito que nos tem sido tão fatal, isto é, o preconceito das leis absolutas; entretanto que a melhor qualidade da lei é a sua relação com as circunstâncias locais."

E para mostrar que *não pode convir ao sertão a lei que convém ao Município Neutro,* pintava o estado da nossa grande propriedade rodeada de *servos da gleba.* Nesse ponto é curioso o contraste da previsão de Nabuco com a de Cotegipe, para quem a eleição direta no interior é exatamente o meio de destruir a excessiva influência dos senhores, a espécie do feudalismo eleitoral, a que Nabuco se referia.

"Entre os senhores e os escravos, a classe intermediária é absolutamente dependente", dizia Nabuco. "Ora, como confiar a eleição direta no interior do país a essa classe intermédia, sem condição de independência e liberdade, a qual na frase do Sr. Diogo Velho, presidente de Pernambuco, se compõe de *servos da gleba?* Tenho medo que o senhor da terra, com seus capangas, designe imediatamente o deputado. Ainda hoje aquele depende da classe intermédia para as funções do eleitorado; na eleição direta seria ele só."

---

* Extraído de: Retraimento gradual de Nabuco; as causas. In: *Um estadista do Império.* Ed. Garnier, v. 3, p. 417-22.

Cotegipe, porém, pensava o contrário: "Para não haver isso, é que é preciso no centro a eleição direta". Com o progresso da idéia porém, Nabuco tinha cedido aos adiantados e aos dominados do espírito de uniformidade. É o que ele diz em carta a Afonso Celso (1877):

"A idéia da eleição direta nas cidades e indireta no interior, é do nosso programa de 1869, e eu a sustentei na sessão de 1871 como idéia nossa; ao depois, e com o desenvolvimento da opinião em favor da eleição direta, sentimo-nos fortes e autorizados para generalizar o que antes queríamos parcialmente e como por ensaio: assim que, o programa foi alterado e eu acompanhei e segui a alteração".

O projeto do Visconde do Rio Branco, se não alterava a forma da eleição, consignava entretanto muitas idéias do programa de 1869, como:

"1) A intervenção da Magistratura nas qualificações;
2) O julgamento das eleições municipais e de paz, encarregado exclusivamente ao Poder Judiciário;
3) A representação das minorias pelo sistema do voto incompleto;
4) As incompatibilidades eleitorais e parlamentares".

A esperança de Nabuco estava em Cotegipe, no seu pronunciamento, — o qual bastava, — quando o projeto viesse ao Senado; em vê-lo fazer pela eleição direta o mesmo que Rio Branco tinha feito pela emancipação, com a circunstância que Rio Branco não tinha antes comprometido à idéia, por amor da qual cindiu o seu partido, como Cotegipe à eleição direta. É com essa esperança que a oposição aguarda a sessão de 1875, em que o projeto seria levado ao Senado. Uma grande surpresa estava, porém, reservada a todos. No meado de 1875, apesar das instâncias do Imperador e de ainda dominar a situação, fatigado de tão extenso governo, mortificado pelas injustiças que sofreu, desgostoso talvez do próprio ministério, que não oferecia o mesmo aspecto unido e compacto de 1872, o Visconde do Rio Branco resigna o poder, e o Barão de Cotegipe entra para o novo gabinete, como lugar-tenente do Duque de Caxias, ou antes como presidente do Conselho de fato, não para impor a eleição direta, mas para proteger e assegurar a passagem da lei *do terço*. A atitude de Nabuco, em relação a essa lei, era protestar e deixá-la passar. Ele era, porém, o chefe nominal, ausente; Zacarias o chefe presente, o *líder*. A Nabuco repugnava a eleição censitária, que Zacarias queria. Repugnava também emendar uma lei cujo princípio era vicioso, insanável. O seu procedimento era uniforme desde 1868: até haver uma lei que garanta a liberdade do voto, o papel do

Partido Liberal é protestar contra o absolutismo de fato e abster-se de tomar parte em simulacros de eleição. Eleições verdadeiras, exceto *per accidens*, como em 1881, quando aparece Saraiva no governo, com o desejo de ver o seu partido derrotado para provar a sua sinceridade e realçar a sua reforma; eleições reais, entregues pelo governo ao país, sem preocupação do seu partido, eram uma utopia no estado atual da nossa moral política. Não era decerto uma questão mecânica, uma questão de forma, uma questão de lei; era matéria de consciência, de probidade; uma reforma de costumes, tão difícil de impor, como a prática de um dos Mandamentos a uma sociedade que tivesse perdido a noção dele *.

O poder imperial

Antes de tudo, o reinado é do Imperador. Decerto ele não governa diretamente e por si mesmo, cinge-se à Constituição e às formas do sistema parlamentar; mas como ele só é árbitro da vez de cada partido e de cada estadista, e como está em suas mãos o fazer e desfazer os ministérios, o poder é praticamente dele. A investidura dos gabinetes era curta, o seu título precário, — enquanto agradassem ao Monarca; em tais condições só havia um meio de governar, a conformidade com ele. Opor-se a ele, aos seus planos, à sua política, era renunciar o poder. Algum ministro podia estar pronto a deixar o governo, apenas empossado; o gabinete, porém, tinha tenacidade, e o partido lhe impunha complacência à vontade imperial por amor dos lugares, do patronato. Insensivelmente os ministérios assentiam, assim, no papel que o Imperador distribuía a cada um no seu reinado. Romper com ele, foi por muito tempo impossível em política. O Senado, o Conselho de Estado viviam do seu favor, da sua graça. Nenhum chefe quisera ser *incompatível*. A tradição, a continuidade do governo está com ele só. Como os gabinetes duram pouco e ele é permanente, só ele é capaz de política que demande tempo; só ele pode esperar, contemporizar, continuar, adiar, semear para colher mais tarde, em tempo certo. Enquanto precisa de tornar a sua autoridade incontestável, os políticos mais importantes são conservados a distância do Trono. Olinda, talvez por ter sido uma espécie de rival da Realeza em 1840, só volta

---

* Extraído de: Sessão de 1875; Reforma eleitoral; Retirada do Visconde do Rio Branco; Gabinete do Duque de Caxias; Reviramento de Cotegipe. In: *Um estadista do Império*. Ed. Garnier, v. 3, p. 431-9.

ao governo em 1848, — e ainda assim era logo dispensado, — quando o Imperador já governava só, e depois de Olinda ter feito habilmente o seu estágio de aspirante e não fazer mais sombra ao seu antigo pupilo político. Bernardo Pereira de Vasconcellos, o homem da resistência à Maioridade, morre em 1850 sem ter sido ministro do Imperador. Honório Hermeto Carneiro Leão (Paraná), também setembrista e antimaiorista, outro independente, vassalo igual ao rei, é chamado em 1843, e despedido em fevereiro de 1844. Depois desses exemplos, os novos educam-se na convicção de que nada podem valer senão pela sua confiança e tolerância.

É ele só quem regula os acessos e as garantias. A primeira grande fornada de conselheiros de Estado, a de 1842, ele era talvez jovem demais para a inspirar, fazia-se no ministério Aureliano Coutinho (Visconde de Sepetiba); mas logo depois ele é quem nomeia cada conselheiro de Estado, até quase ao fim, quando ele mesmo perde o gosto de escolher, talvez porque a estatura dos políticos vai diminuindo em progressão ainda maior para ele, do que aos olhos dos que não praticaram com os mais antigos conselheiros de Estado do reinado, e não conheceram Olinda, Monte Alegre, Maia, Paraná, Alves Branco, Macaé, Maranguape, Abrantes, Paula Souza, Manoel Antônio Galvão, Abaeté, José Clemente Pereira, Visconde de Albuquerque, Jequitinhonha, Itaboraí, Uruguai, Eusébio de Queirós, Manoel Felizardo de Souza e Mello e outros.

Num ponto sente agudamente e sua suscetibilidade é grande: não dever ser suspeitado de ter validos. Depois que termina o seu noviciado, e dispensa os conselhos de Aureliano Coutinho (Sepetiba), e o reduz a um político tão dependente, tão ignorante dos altos mistérios, como os outros, não quer, ao seu lado e nos seus conselhos, individualidades culminantes, governando com o seu prestígio sobre a nação. A nenhum estadista ele reconheceu nunca a posição própria, incontestável, que a Rainha Vitória teve que reconhecer, com a perfeição do *self-government* parlamentar no seu reinado, a Gladstone e Disraeli, por exemplo, de chefes independentes dos respectivos partidos com direito mútuo à reversão do governo.

Ninguém sabe o dia seguinte senão ele. Ele forma a corrente da administração, ora num sentido, ora em outro; só ele sabe o verdadeiro destino da navegação. Assim, notavelmente, na questão dos escravos: desde 1865 ou 1866, como vimos, no Gabinete Olinda, ele se decide; Olinda opõe-se, ele conquista Nabuco, Saraiva, Paula Souza; tem no campo conservador Pimenta Bueno, mas a Guerra do Paraguai atravessa-se no caminho, ele cede, adia; depois com um presidente do Conselho menos refratário, Zacarias, adianta o trabalho no Conselho de Estado, faz elaborar pelos dois partidos a futura lei; Zacarias, porém, torna-se incompatível com Caxias, a guerra é o interesse primordial, Caxias o homem necessário, Zacarias é sacrificado e com ele o Partido Liberal; os conservadores têm que subir, o chefe conservador é Itaboraí, o Imperador então pretere a questão, que, no seu espírito, está em segundo lugar, em favor da que tem o primeiro, a guerra; terminada, porém, a guerra, o relógio infalível de S. Cristóvão dá a hora da emancipação; quem aceitar o governo é para conformar-se; vem S. Vicente, vem Rio Branco, viria Souza Franco, mas enquanto a questão não estivesse resolvida, não viria nenhum que a pudesse estorvar. Assim com a Guerra do Paraguai. Assim com a eleição direta, que, enquanto o Imperador não desiste ou não se rende, é um obstáculo para qualquer governo ou político que pensasse nela (os liberais, Cotegipe, Paulino de Souza); a princípio qualquer que fosse o meio de realizá-la, depois sem reforma da Constituição. Como a reforma eleitoral, a chamada liberdade de ensino, o decreto Leôncio de Carvalho, espécie de *noli me tangere* para as administrações todas que se sucedem.

O governo era feito por todos desse modo: — o que é que o Imperador quer, o que é que ele não quer? Os que faziam política fora dessas condições estavam condenados a não ter nenhum êxito: é por isso que os propagandistas de qualquer idéia não tinham nada conseguido enquanto não despertavam o interesse do Imperador e não moviam a sua simpatia. Conseguido isso, o concurso dos partidos, dos governos, precipitavam-se como uma avalanche; assim em tudo, principalmente na questão magna do reinado, a escravidão: o pronunciamento de Rio Branco, em 1871, de Dantas, em 1884, de Cotegipe, em 1885 (João Alfredo, em 1888, aproveita a ausência do Imperador para fazer a abolição imediata, mas se o Imperador estivesse no Império, ele teria igualmente sido chamado para resolver o problema, ainda que de outra forma), correspondem à conversão prévia do Imperador.

Esse poder era, porém, um fenômeno natural, espontâneo, a resultante do nosso estado social e político. Se é um poder sem contraste, não é por culpa dele, mas pela impossibilidade eleitoral, e porque a verdade eleitoral ainda tornaria o eleitorado mais adeso ao governo qualquer que fosse, isto é, ao poder que tinha o direito de nomear.

Nesse sentido era um poder indestrutível. Só haveria, com efeito, um meio, exceto a revolução republicana, de fazer render o poder pessoal: era fazer surgir, diante da Coroa onipotente, Câmaras independentes. Aí estava, porém, a impossibilidade; essa foi a grande quimera dos propagandistas da eleição direta, e depois dos homens de Estado que esperaram dela a regeneração do sistema representativo, como os liberais de 1868, os conservadores de Paulino de Souza e Barão de Cotegipe. Quando, depois de grande resistência, o Imperador, que sempre com o tempo se deixou vencer, e se deu por vencido e não convencido, cedeu, e realmente Saraiva conseguiu um primeiro resultado, qual foi a conseqüência? Que o "país real" com esse primeiro ensaio de verdade eleitoral ficou tão anarquizado quanto corrompido; que o Parlamento veio representar a doença geral das localidades, a fome de emprego e de influência; a dependência para com o governo. Era sempre o governo, senão o de hoje, o de amanhã, e só o governo, que podia fazer a eleição. Quanto mais verdadeira ela fosse, mais dedicado ao governo, isto é, mais necessitado, cobiçoso, o eleitorado se mostraria. A emancipação do eleitorado, quando pudesse ser efetuada, só daria um resultado: o habituá-lo a utilizar-se do seu voto. Espalhar pelas cidades e pelo interior, onde o emprego era uma sorte grande, diplomas de eleitor, era distribuir bilhetes de loteria para um sorteio sempre renovado; o efeito desmoralizador era o mesmo. Dar-se-iam exemplos de esplêndido desinteresse, de abnegação e ingenuidade, características das classes pobres, casos de derrota da plutocracia, do oficialismo, pelo proletariado; mas na grande maioria dos distritos triunfaria a necessidade. A princípio os eleitores seriam arrebanhados pelas influências, mas o resultado da eleição direta, sendo livre, seria quebrar o chamado "cabresto", tornar o votante independente. Queria-se para o eleitor uma lei, como será a de 13 de maio; o que se faz é tornar o voto em massa objeto de tráfico. O efeito dessa papeleta foi o mesmo que uma derrama de papel-moeda; o povo supôs que emergia da pobreza e da necessidade que tinha recebido uma renda vitalícia. Nem mesmo o Imperador, propondo-se no seu reinado, *exclusivamente* a fundar a liberdade de eleições, teria conseguido diminuir o seu poder, te-lo-ia pelo contrário alargado extraordinariamente; porque para reduzi-lo era preciso uma ditadura secular que resolvesse o problema nacional todo (...) *

---

* Extraído de: A linha política do Reinado. In: *Um estadista do Império*. Ed. Garnier, v. 3, p. 553-9.

5. REPÚBLICA

Floriano e a revolta de 1893

Ao mesmo tempo que resolviam intimar ao almirante Mello que não atacasse a cidade, "nessa mesma ocasião", os comandantes estrangeiros dirigiam aos seus respectivos agentes diplomáticos a seguinte nota, por eles assinada:

"Pedimos para dizer ao Sr. Marechal que a esquadra estrangeira está autorizada a opor-se pela força a toda tentativa do Sr. Contra-Almirante Mello dirigida contra a cidade, e isto não por desejo de se imiscuir nos negócios do Brasil, mas por causa dos interesses superiores da humanidade relativamente a uma população sem defesa, da qual tão grande parte é composta de estrangeiros, cuja seguridade a esquadra tem o direito de garantir: pedimos como conseqüência ao Sr. Marechal queira tirar ao Sr. Contra-Almirante Mello todo pretexto de hostilidade contra a cidade, retirando as baterias que o Marechal fez colocar nela e que a esquadra julga inúteis para a sua defesa.

Temos a honra de informar ao Sr. Marechal que, para cobrir a responsabilidade dos nossos governos e a nossa perante eles, publicaremos a sua resposta, se ele não julgar dever aquiescer ao nosso pedido.

Voltando-nos para o lado do Sr. Contra-Almirante Mello nós lhe diremos que a cidade achando-se desprovida de qualquer meio de exercer hostilidades contra ele, estamos autorizados a opor-nos pela força a toda tentativa de sua parte sobre a cidade.

A bordo do *Aréthuse*, 1 de outubro de 1893".

Como se vê, a Reunião dos Comandantes sentia não poder sustentar a intimidação que ia ser feita ao almirante Mello se o marechal Floriano Peixoto não fizesse retirar as baterias que tinha feito montar na cidade e que, à vista da intervenção, "a esquadra estrangeira julgava inúteis para a sua defesa". Por isso, no caso de não ser atendida a representação, os comandantes estrangeiros julgavam-se na obrigação de fazer publicar a resposta do Marechal para salvar a responsabilidade dos seus governos e a sua própria perante eles. Para justificarem a intimação, precisavam poder dizer ao almirante Custódio de Mello "que a cidade estava desprovida de qualquer meio de exercer hostilidade contra ele". Dessa comunicação aos agentes diplomáticos infere-se que a intimação ao almirante Mello só seria feita depois de recebida a resposta do marechal Floriano.

As duas comunicações, porém, foram entregues simultaneamente, talvez por não quererem os comandantes perder mais tempo. Essa precipitação deixou-os um momento apreensivos. Se não conseguissem do marechal Floriano o desarmamento da cidade!

A apreensão ainda mais natural se tornava depois da resposta que, em 2 de outubro, o contra-almirante Mello deu à intimação da esquadra estrangeira, resposta que o comandante português com razão qualifica de *altiva*. Com efeito, ele estabelecia, para não atacar a cidade, precisamente a mesma condição que os comandantes estrangeiros exigiam do Governo Federal.

Eis o texto dessa resposta do almirante Mello, que, como todos os outros documentos de caráter internacional emanados dele, é de uma redação irrepreensível:

"Comando das Forças Navais insurgentes da República dos Estados Unidos do Brasil, bordo do *Aquidaban*, 2 de outubro de 1893.

O contra-almirante Mello acaba de receber dos srs. comandantes das Forças Navais inglesas, italianas, americanas, portuguesas e francesas, estacionadas neste porto, uma nota dizendo-lhe que o seu ajudante de campo por ocasião de prevenir o Sr. Contra-Almirante de Libran que as Forças insurgentes iam bombardear a fortaleza de Santa Cruz deixou entrever que *medidas mais graves poderiam ser tomadas contra a cidade do Rio de Janeiro*, e que em conseqüência eles o informam que se oporão pela força, se for necessário, a todas as suas tentativas contra a cidade do Rio de Janeiro.

Se o pensamento dos srs. signatários desta nota é proteger a vida e os interesses dos habitantes da cidade do Rio de Janeiro, o contra-almirante Mello tem a honra de recordar-lhes que a norma por ele até hoje seguida é uma prova irrecusável, de que ele teve sempre o maior cuidado de poupar tanto quanto possível a vida dos habitantes e de prejudicar o menos possível os seus interesses comerciais. Entretanto desde que o governo do marechal Floriano Peixoto transformou a cidade do Rio de Janeiro em praça de guerra, como o provam entre outros fatos a nomeação de um comandante militar, a ordem escrita de fuzilar os cidadãos que cometerem certos delitos, e sobretudo a construção de baterias de artilharia nos montes que dominam a baía, os srs. signatários da nota em questão não terão dificuldade em compreender que o contra-almirante Mello está no seu pleno direito não só de responder ao ataque e ao bombardeio dessas baterias, como de operar um desembarque na cidade e que a consciência desse direito deve ser tal que ele não pode ter o menor receio quanto às conseqüências que da sua atitude possam resultar. — Custódio José de Mello".

Os comandantes das Forças estrangeiras compreenderam que a sua missão em nossa baía não podia ser a de prender a esquadra revoltada enquanto os canhões de terra, livres de qualquer perigo, atirassem sobre ela, e que os mesmos *interesses superiores da humanidade*, em nome dos quais eles intervinham para salvar o Rio de Janeiro, impunham-lhes o dever de evitar o fogo da terra contra a esquadra. Eles não podiam intimar o marechal Floriano Peixoto a não atirar sobre os navios revoltosos, como de fato intimaram a estes a não atirar sobre a cidade, mas podiam, no caso do marechal Floriano reservar toda a sua liberdade de ação, retirar a intimação feita ao almirante Custódio de Mello e deixar a cidade entregue a sua sorte. Por isso era para eles da maior importância a resolução do Itamaraty.

No dia 2 os representantes estrangeiros comunicaram ao ministro das Relações Exteriores a intimação feita ao almirante Mello e, pedindo ao governo que não desse a este nenhum pretexto para hostilizar a cidade, concluíam dizendo que, no caso do Governo Federal não aquiescer ao pedido, "eles comunicariam a resposta aos seus governos e pediriam instruções".

Eis o teor da nota verbal entregue ao ministro João Filipe Pereira:

"Os comandantes das Forças Navais inglesas, italianas, americanas, portuguesas e francesas, na baía do Rio de Janeiro declararam ao Sr. Contra-Almirante Mello que se oporiam pela força, se necessário fosse, a todas as suas tentativas contra a cidade do Rio de Janeiro.

Os representantes da Inglaterra, Portugal, Itália, Estados Unidos da América do Norte e França, sem abandonarem a norma até hoje seguida de não se envolverem nos negócios internos do Brasil, mas sim de garantirem a proteção e segurança dos seus nacionais respectivos e dos interesses superiores da humanidade, têm a honra, à vista da declaração precitada dos comandantes estrangeiros, de insistir junto ao Governo da República dos Estados Unidos do Brasil para que ele tire ao Sr. Contra-Almirante Mello todo pretexto de hostilidade contra a cidade do Rio de Janeiro.

Os representantes das mesmas potências, no caso em que o Governo Federal julgue não dever aquiescer a este pedido, comunicarão a sua resposta a seus governos respectivos, pedindo-lhes instruções.

Rio de Janeiro, 2 de outubro de 1893".

A intervenção estrangeira foi recebida no cais da Glória e no Itamaraty como o náufrago recebe socorro inesperado. Não havia perigo que o marechal Floriano rejeitasse a condição exigida pela esquadra estrangeira para salvar a cidade. A situação exata em que ele então se sentia evidencia-se até do modo por que foi sumariamente liquidada à boca da cova a indenização de cem contos pagos à família de um marinheiro do *Bausan*, casualmente morto por uma descarga de terra. É à coação daqueles primeiros tempos da revolta que ele aludirá na Mensagem de 4 de maio de 1894.

Durante a revolta deu-se uma singular controvérsia: a dos jornais governistas com os jornais estrangeiros, *Brésil Republicain* e *Rio News*, esforçando-se estes por mostrar que a inviolabilidade da soberania nacional do Brasil não tolerava a espécie de intervenção que os outros pediam e que depois imaginaram a ver realizada pelo almirante Benham. O *Rio News*, notadamente, num artigo que a *Gazeta de Notícias* se aventurou a traduzir, fez uma exposição muito clara do princípio de não-intervenção, que prevalece hoje nos Estados Unidos e pelo qual estes não podiam envolver-se na guerra civil brasileira.

Nem podia deixar de ser grande o contentamento na Secretaria de Estrangeiros quando lá chegou o portador da boa nova dos comandantes navais transmitida pelos agentes diplomáticos. Era o Visconde de Cabo-Frio, desde esse tempo Joaquim Tomás do Amaral, com sua velha experiência e as tradições do seu ofício, quem assim ganhava a primeira vitória da Legalidade, vitória que devia ser decisiva.

"O ministro dos Estrangeiros", escreve Augusto de Castilho para Lisboa, "mostrou-se satisfeito com esta enérgica intervenção das cinco potências do Marechal e terminou dizendo, que se lhe era permitido infringir um pouco as praxes diplomáticas, agradecia tão eficaz cooperação".

Essa satisfação de um grande passo vencido transluz da nota, em data de 3 de outubro, de João Filipe Pereira aos representantes estrangeiros, nota que se pode chamar o recibo oficial, com agradecimentos, da intervenção solicitada:

"O Sr. Vice-Presidente da República dos Estados Unidos do Brasil vê com satisfação que os srs. comandantes das Forças Navais inglesas, italianas, americanas, portuguesas e francesas declararam ao contra-almirante Custódio José de Mello que se for necessário se oporão pela força a todas as suas empresas contra a cidade do Rio de Janeiro.

Os srs. representantes da Inglaterra, Portugal, Itália, Estados Unidos da América e França podem estar certos de que aquela intimação não será prejudicada por ato do governo brasileiro, o qual há de tirar ao dito contra-almirante todo pretexto para hostilizar a mesma cidade".

Era com efeito uma intervenção salvadora. Desde esse momento, o marechal Floriano podia respirar livremente: a posse militar da cidade do Rio de Janeiro estava-lhe garantida, não lhe podia mais ser disputada pelo lado do mar. Algum projétil viria inda danificar um prédio, ferir e matar transeuntes, mas a tropa podia ficar com segurança nos quartéis e o governo no Itamaraty. Por isso no seu alvoroço, esqueceu este, ou não entendeu logo, que a intervenção tinha uma cláusula e não atendeu à situação ansiosa em que estavam os comandantes estrangeiros, "apreensivos, dirá Castilho, com a enorme responsabilidade que sobre nós estava pesando". Eles tinham, cada um deles, o óculo de bordo assestado sobre as baterias de São Bento e do Castelo à espera de ver retirar os canhões e como o governo durante todo o dia de 3 não procedesse ao desarmamento,

"reunimo-nos em 4 a bordo da *Mindello*, e resolvemos instar novamente com o Corpo Diplomático para que ponderasse ainda uma vez ao governo do país a urgente e indispensável necessidade de serem desmontadas as baterias provisórias da cidade. Acabava assim o governo por sua vez e de boa fé, animado de verdadeiro patriotismo e despido de falsas exaltações prejudicialíssimas, com uma estulta provocação irritantíssima, que seriamente estava comprometendo a segurança dos pacíficos habitantes da cidade, melhor escudados na sua própria situação inerme do que em sua defesa incompleta e inútil. No dia seguinte reuniram-se com efeito no palácio Itamaraty com o ministro das Relações Exteriores, os representantes das Potências e instavam com toda a energia para que as baterias fossem desmontadas, sem o que nós, os comandantes das Forças Navais, poderíamos ver-nos na necessidade de reconsiderar sobre a intimação que havíamos feito ao contra-almirante Mello".

A nota entregue pelos agentes diplomáticos consignava a profunda admiração, *le grand étonnement,* dos comandantes estrangeiros, vendo que o governo, depois de lhes mandar declarar que tiraria ao contra--almirante Mello todo pretexto para hostilizar a cidade,

> "não tinha tomado medida alguma nesse sentido, e que, pelo contrário, não só continuava ativamente a aumentar o armamento das baterias existentes, mas também a construir novas baterias",

e continuava desta forma:

> "Os comandantes das Forças Navais, levando estes fatos ao conhecimento dos representantes dos seus respectivos Governos, rogaram-lhes que interviessem junto ao Governo Federal, a fim de que ele dê as ordens necessárias para que sejam retirados os canhões que guarnecem as baterias atualmente na cidade, sem o que os comandantes poderiam ser obrigados a retirar a intimação que dirigiam ao Sr. Contra-Almirante Mello para que se abstenha de todo ato de hostilidade contra a cidade do Rio de Janeiro".

O efeito dessa nota, recebida na noite de 4, foi exatamente oposto ao que produzira no Itamaraty a nota de 2. De um dia para outro a situação parecia mudar para o governo, a imaginação se lhe perdia em conjeturas, figurava-se-lhe um movimento da esquadra estrangeira em sentido contrário, um começo de beligerância reconhecida aos revoltosos. Era, porém, este um susto sem causa. Tinha havido, como se verá, cotejando-as, certa diferença de termos e mesmo de tom entre a comunicação dos agentes diplomáticos ao nosso governo, em data de 2 de outubro, e a que eles tinham recebido da Reunião dos Comandantes. Enquanto estes pediam formalmente a retirada das baterias estabelecidas na cidade, os agentes limitaram-se à fórmula geral — "tirar ao contra-almirante Mello todo pretexto de hostilidade". Isto quanto aos termos; quanto ao tom, ao passo que os comandantes declaravam que publicariam a resposta negativa do Marechal, para salvar a responsabilidade dos seus governos e a sua própria, os agentes diziam apenas que a comunicariam aos seus governos, pedindo instruções. No fundo, porém, era a mesma coisa.

Na posição angustiosa em que se achava o governo, o marechal Floriano compreendeu o alcance de ser retirada a intimação feita à esquadra revoltada e ele deixado só. Era quase um *placet* internacional dado ao bombardeamento do Rio; em todo o caso era para ele a impossibilidade de armar novas baterias, porque então deixaria de haver entre a esquadra revoltada e a terra um poder estranho, neutro, moderador como seria a Reunião dos Comandantes, — por trás do qual era mais fácil continuar, mediante subterfúgios diplomáticos, a obra em que realmente estava posta a confiança do governo, a saber, a fortificação dos morros. Por isso o ministro das Relações Exteriores respondeu aos agentes diplomáticos, lastimando a sua nova atitude — que entretanto era a mesma — e fazendo ressalva dos direitos de soberania a que momentaneamente renunciava, mas assentindo inteiramente à condição imposta, para a intervenção.

A nota de João Filipe Pereira é a pedra fundamental do compromisso tomado. O ministro das Relações Exteriores recordava que, em conferência de 14 de setembro, os representantes tinham convidado o governo a retirar as baterias estabelecidas nas alturas, a fim de conservar ao Rio de Janeiro o caráter de cidade aberta, mas que o vice-presidente da República não acedera a isso, prometendo somente ordenar que as baterias de terra não provocassem hostilidades da parte da esquadra revoltada, o que fora aceito como suficiente. Viera depois o convite ao governo da República para tirar ao almirante Mello todo pretexto para hostilizar a cidade.

"O Sr. Vice-Presidente da República não entendeu nem podia entender, que era convidado a retirar os canhões. Primeiro, porque em assunto tão grave é indispensável a maior clareza, depois, porque considerava subsistente o acordo que mencionei", — o da conferência de 14 de setembro.

Acrescentava:

"Os srs. comandantes das Forças Navais não estão bem informados. As baterias existentes não foram aumentadas e nenhuma outra foi construída".

E concluía:

"O Sr. Vice-Presidente da República não compreende o motivo de tão súbita mudança em resoluções que pareciam bem assentadas e vê com pesar que essa mudança passa a ser interpretada, contra a vontade dos srs. comandantes e representantes, como apoio moral dado ao chefe da revolta, que assim quase entra na posição de beligerante. Todavia, deixando aos mesmos senhores a responsabilidade das conseqüências de seu novo procedimento, vai ordenar que os canhões sejam retirados das referidas baterias".

A concessão era completa. Os membros do Corpo Diplomático tomaram nota dela, lembrando somente que, na conferência de 14 de setembro, eles já tinham manifestado ao governo o pensamento dos comandantes de que o pretexto para o bombardeamento fora sempre a presença na cidade do Rio de Janeiro das baterias improvisadas, e mantendo, por parte deles, a sua afirmação quanto a novas baterias. Terminavam repelindo a frase em que o ministro do Exterior lançava sobre eles a responsabilidade do que viesse a acontecer:

> "Os representantes da Inglaterra, de Portugal, da Itália, dos Estados Unidos da América do Norte e o encarregado de negócios da França, perseverando na norma de proceder de que jamais se desviaram, até hoje, de não se envolverem nos negócios internos do Brasil, têm a honra de declarar ao Sr. Ministro das Relações Exteriores que não podem aceitar outra responsabilidade senão a que possa resultar da necessidade de proteger os interesses gerais da humanidade, a vida e propriedade dos seus nacionais".

A nota do ministro das Relações Exteriores foi imediatamente comunicada pelos comandantes estrangeiros ao contra-almirante Mello. Essa comunicação deve ser entendida como a aquiescência que eles davam à resposta daquele almirante de que não lhes reconhecia direito de obstarem ao bombardeamento, se a cidade continuasse fortificada.

A Reunião, porém, não se limitou a essa comunicação; delegou um dos seus membros para se entender com o almirante Mello. Foi esse, Augusto de Castilho. Eis como ele refere o incidente às autoridades superiores em Lisboa:

> "Entenderam os meus colegas, todavia, que, à vista da aridez da nossa nota, não deixaria de ser conveniente que algum de nós fosse pessoalmente avistar-se com o almirante Custódio de Mello, apresentar-lhe a nota, e expor-lhe claramente a nossa situação e os ponderosos motivos que determinavam a nossa atitude. Fui eu o escolhido para tal missão, chegando a bordo do couraçado *Aquidaban* perto das 8 horas da noite, e tendo com o contra-almirante chefe da revolta uma entrevista cordialíssima.
>
> Expus-lhe bem a impreterível necessidade de não ordenar ele qualquer outro ataque contra a cidade do Rio de Janeiro, mesmo do gênero daquele que fora tentado nesse dia, visto como um navio atracado a um cais devia fazer parte integrante da cidade. Acrescentava que, depois da grande responsabilidade que nós, comandantes estrangeiros, assumíramos levando o governo a desmontar as suas baterias provisórias, ficaríamos em uma situação muito vulnerável, e seríamos alvo de severíssima crítica, assistindo indiferentes a outro ataque da esquadra contra a

cidade. O almirante Custódio de Mello expôs-me sem demora, verbalmente, a firme intenção em que desde esse momento ficava de não mais hostilizar a cidade".

Com efeito, em resposta à comunicação dos comandantes, o almirante Custódio de Mello escrevia-lhes em data de 7:

"Bordo do *Aquidaban*. — 7 de outubro de 1893. — O contra-almirante Mello tem a honra de informar aos srs. comandantes das Forças Navais estrangeiras estacionadas neste porto, que toma nota da comunicação que eles tiveram a bondade de fazer-lhe em data de 5 do corrente, da decisão tomada pelo governo do marechal Peixoto de fazer retirar os canhões que ele tinha feito colocar no litoral e nas alturas do Rio de Janeiro, graças à sua nobre e humanitária intervenção. — Custódio José de Mello".

E ao comandante da *Mindello* ele particularmente dizia:

"Compreendo todo o alcance da nota dos comandantes estrangeiros, de que vos dignastes de ser o portador, relativamente à retirada da artilharia das baterias de terra da cidade do Rio de Janeiro, eu vos digo que era minha intenção não causar aos residentes desta cidade novos vexames com expedições daquele gênero, de que resultou a referida nota, salvo o caso muito especial de constar-me estar atracado ao litoral da cidade alguma máquina ou engenho de guerra destinado a servir contra os meus navios. Fique, pois, tranqüilo a este respeito, e como me parece que não é o caso para eu tomar um compromisso solene para convosco e os outros comandantes estrangeiros, limitar-me-ei a manifestar-lhes o meu reconhecimento como homem e brasileiro".

Há, tanto na nota anterior como nesta carta, uma demonstração de júbilo da parte do almirante Mello pelo que a esquadra estrangeira tinha obtido do marechal Floriano. Ele qualifica essa intervenção de *nobre e humanitária* e protesta aos comandantes estrangeiros o seu *reconhecimento como homem e brasileiro*. Essa linguagem, decerto, contrasta com a da sua nota de 2 de outubro, em resposta à intimação. O fato explica-se naturalmente. Ao receber aquela intimação o chefe da revolta imaginou que lhe atavam as mãos no mar deixando livres as do marechal Floriano em terra; sentiu-se objeto de uma intervenção parcial contra ele só, que o privava do meio único que ele tinha de coagir o Governo Federal ao desarmamento da cidade. Vendo, porém, que a pressão era feita igualmente sobre o marechal Floriano, ele compreendeu que não se tratava de uma intervenção política, mas de uma simples medida de humanidade, e que a sua posição melhorava aos olhos de todos, do governo como da própria esquadra estrangeira, sem falar da sua. Viu mais, que os comandantes se colocavam exatamente na mesma atitude que ele assumira na sua nota de 2 de outubro.

Não era mais uma intervenção contra ele só, a intervenção tornara-se em mediação, produzira um acordo solenemente registrado na nota do governo ao Corpo Diplomático e nas atas da Reunião dos Comandantes. Esse acordo o marechal Floriano o romperá sob fúteis pretextos, isso o contra-almirante Custódio de Mello não podia prever; esse acordo limitava o poder da esquadra, mas, não há negar, também removia a possibilidade de uma ação que podia tornar-se fatal, que qualquer dos seus subordinados podia precipitar sem querer, e que seria uma nódoa indelével na história da Marinha brasileira: o bombardeamento do Rio de Janeiro.

Estão aí, sem nenhuma omissão, os precedentes e os termos do acordo de 5 de outubro, *l'entente du 5 octobre*, como o chamaram os comandantes e agentes diplomáticos estrangeiros. Durante três meses assistir-se-á na baía do Rio de Janeiro a um verdadeiro duelo de artilharia, regulado, tiro por tiro, pelas testemunhas reunidas a bordo de um dos navios de guerra estrangeiros. São elas que dirão, quase diariamente, a cada um dos combatentes o que lhes é lícito e o que lhes é defeso, o que cabe e o que não cabe no acordo que fizeram; são elas que marcarão a raia do tiro; que observarão de onde partem as provocações; que decidirão, em uma palavra, as questões ocorrentes, tudo como os padrinhos em uma pendência de honra *.

---

* Extraído de: O acordo de 5 de outubro. In: *A intervenção estrangeira durante a revolta de 1893*. Ed. Nacional/Ed. Civilização Brasileira, p. 29-45.

ÍNDICE ANALÍTICO E ONOMÁSTICO

Abaeté, Visconde de, **ver** Abreu, Antônio Paulino Limpo de
Aberdeen, Bill, ver lei Aberdeen
abolição, 11-3, 24, 25, 31, 32, 34, 39, 41, 54, 59, 68, 97, 101, 107, 119, 121, 144, 171
  cearense, 36
abolicionismo, 11, 12, 14, 16, 18, 22, 23, 25, 28, 30-5, 37-9, 41, 51, 53, 55-9, 70, 99, 104, 121, 123, 136, 142, 146, 148
  europeu, 16, 17
abolicionista(s), 8-11, 16, 22, 25, 33, 35-7, 39-41, 54, 56, 58, 66, 69, 75, 101, 110, 113, 127, 148
Abrantes, Visconde e Marquês de, **ver** Almeida, Miguel Calmon du Pin e
Abreu, Antônio Paulino Limpo de, 170
Abreu, Henrique Limpo de, 152, 156
absolutismo, 135, 152, 161, 169
abusos, 70
açúcar, 81
advogados administrativos, 165
Afonso Celso, **ver** Figueiredo, Afonso Celso de Assis
agricultura, 16-8, 21, 22, 28-31, 63, 64, 66, 73, 81, 82, 88, 90, 91, 96, 112-4, 126, 144, 146, 147
  cafeeira, 25, 33
  escravista, 27, 29, 35
  monocultura, 16
  tropical, 26, 27
Albuquerque, Visconde de, **ver** Albuquerque, Antônio Francisco de Paula Holanda Cavalcanti
Albuquerque, Antônio Coelho de Sá e, 151
Albuquerque, Antônio Francisco de Paula Holanda Cavalcanti, 170
Albuquerque, Pedro Francisco de Paula Cavalcanti de, 152, 155
Alexandre II, czar da Rússia (1855--1881), 94, 105
alforria(s), 36, 59
  forçada, 73
Almeida, Miguel Calmon du Pin e, 170
Alves, Antônio de Castro, 14
Alvim, José Cesário de Faria, 139
Amaral, Joaquim Tomás do, 176

Amazonas, província livre, 35, 36, 106, 123
Andrada, Martim Francisco Ribeiro de, 150, 151
Andradas, 91
Andrade, Olímpio de Sousa, 45
antiimigrantismo, 28
Anti-Slavery Society, 111
Antônio Bento, **ver** Castro, Antônio Bento de Sousa
anúncios de escravos, 75
apólice(s), 113, 119, 120, 123
apreensão de navios negreiros, 62
Aquidaban, 174, 180, 181
Araújo, Ana Barreto Nabuco de, 7
Araújo, Joaquim Aurélio Barreto Nabuco de, 7-14, 20, 24, 26, 33-49
Araújo, José Tomás Nabuco de, 7, 13, 44, 46, 150, 151, 154-65, 167, 168, 170
Araújo, Maria Carolina Nabuco de, 11, 42, 45-7
Araújo, Nabuco de, **ver** Araújo, José Tomás Nabuco de
aristocracia, 29, 30, 67, 72, 126
Armond, Camilo Maria Ferreira, 156
Associação Comercial, 114, 124

Barbosa, Rui, 35, 40
Barros, Moreira de, 8, 143
Barroso, J. Liberato, 156
Bastos, Aureliano Cândido Tavares, 154, 156
Beiguelman, Paula, 15, 45, 49
Benham, almirante, 46, 176
bombardeamento do Rio de Janeiro, 178, 180, 182
Braga, Osvaldo Melo, 47
Branco, Alves, 170
Brandão Júnior, Francisco Antônio, 17
Brésil Républicain, 176

Bueno, José Antônio Pimenta, 66, 152, 171

Cabo Frio, Barão e 2.º Visconde de, **ver** Amaral, Joaquim Tomás do
café, 81, 83, 88, 97, 107
Câmara, Eusébio de Queirós Coutinho Matoso, 52, 63, 94, 153, 170
Camaragibe, Visconde de, **ver** Albuquerque, Pedro Francisco de Paula Cavalcanti de
câmbio, 91, 113, 119, 141
Camões, 42
campanha abolicionista, 17, 20, 38
Campos, Martinho Alvarenga da Silva, 34, 113, 133, 153
canalha, 144
capitães-do-mato, 71, 75
capital(is), 16, 35, 60, 64, 81, 91, 112, 113
Carvalho, Ana Rosa Falcão, 7
Carvalho, Joaquim Aurélio de, 7
Carvalho, José da Costa, 170
Carvalho, Leôncio de, 171
Carvalho, Sousa, 98, 99, 151
Castilho, Augusto de, 176, 180
Castro, Antônio Bento de Sousa, 24
Caxias, Barão, Conde, Marquês e Duque, **ver** Lima, Luís Alves de
Ceará, província livre, 21, 34, 98, 99, 106, 107, 123
   seca do, 84
Chichorro, **ver** Gama, Antônio Pinto Chichorro da
Cícero, 92
cidade(s), 80, 81
   aberta, 179
   mortas, 27
classes, operárias, 87, 125
   proprietárias, 102, 107
Clódio, 93
Clube(s), da Lavoura, 35, 99

de Campinas, 17, 18
Militar, 24
Cochin, A., 16
Código Negro, 78
colônias, 15, 16, 59
colonização estrangeira, 115
colonos, 15
comandantes estrangeiros, 177-82
comércio, 29, 30, 83, 87-9, 95, 114, 124-6
   estrangeiro, 16
   nacionalização do, 29
   usurário, 31
concorrência, 16
Condorcet, Marquês de, 15
Congresso Agrícola, 18, 20, 86, 100
consciência nacional, 9, 26, 69, 91, 92, 97, 99, 101, 106, 118, 120
Conselho de Estado, 152, 169, 171
conservador(es), 10, 18, 20, 22, 23, 36, 40, 54, 56, 57, 104, 109, 128, 132, 138-44, 146, 148, 151, 152, 155, 156, 171, 172
Constituição de 1824, 18-20, 59, 76, 77, 102, 119, 122, 126, 146, 152, 161, 169, 171
Coroa, 11, 19, 21, 22, 24, 26, 30, 31, 35-7, 39-41, 53, 66, 92, 94, 100, 102, 104, 106, 108, 128, 136, 152, 154, 158-62, 164, 172
Correia, A., 129
corrupção, 39, 147
   social, 92
Cotegipe, Barão de, **ver** Wanderley, João Maurício
Coutinho, Aureliano de Sousa e Oliveira, 162, 170
crédito agrícola, 29, 91

Dantas, Manuel Pinto de Sousa, 21-2, 23, 35-7, 39-41, 100, 104, 108, 120, 133, 138, 141, 142, 144, 145, 150, 171

de Libran, contra-almirante, 174
deficit, 100, 119, 120, 123
democracia, 56, 92, 95, 119, 126, 131, 137
   escravagista, 55
   rural, 121
despesas de guerra, 114
Dias, Sátiro, 98
dinastia, 136, 141
Dionísio, 73
Disraeli, 170
dissidência, 20-22, 24, 36, 39
dissolução(ões), 143, 144, 157, 162, 165
ditadura popular, 12, 41
dívida, 90, 114, 165
   externa, 119, 123, 124
Dória, Franklin, 129
Douglass, Frederick, 70

economia, cafeeira, 15, 17
   de subsistência, 28
   escravista, 15, 16
   livre, 15
   rural, 84
   tropical, 15, 17
educação, escolar, 30
   política, 38
eleição(ões), 19-21, 30, 37, 39, 41, 93, 102, 108, 109, 118, 126, 128, 129, 134, 138-42, 145, 146, 150, 152, 158, 161-3, 169, 172
   censitária, 168
   de dois graus, 167
   direta(s), 20, 93, 103, 134, 138, 142, 152, 165, 168, 171, 172
   indireta(s), 18, 19, 93, 103, 138, 142, 152, 167, 168
eleitor(es), 18, 20, 72, 103, 119, 129-32, 141, 142, 172
eleitorado, 21, 38, 128, 131, 132, 140, 142, 167, 171, 172
   agrário, 22

elemento, livre, 18, 27, 28
  servil, 65, 66, 100, 151
emancipação, 33, 35, 37, 38, 51, 53, 54, 59, 65, 66, 94, 97, 100, 101, 106, 115, 121-3, 125, 128, 144, 145, 171
  civil, 72
  com indenização, 119, 120
  dos nascituros, 66
  jurídica dos escravos, 28
emissões, 165
empregados públicos, ver funcionalismo
empréstimos, 91, 113, 165
engenho(s), 16, 81
escravidão, 8, 12, 14-6, 18, 21, 24-8, 30-4, 37, 40, 51-8, 60-3, 65, 67-70, 72-97, 99-102, 104-6, 109-25, 127, 128, 141, 142, 144-9, 159, 171
  leis sobre, 78
escravismo, 11, 12, 15, 24, 25, 32, 33, 36, 39, 40, 60, 62, 65, 95, 99, 115, 116, 141, 142
escravista(s), 32, 34, 108, 140
escravo(s), 15-7, 26, 28, 32, 38, 40, 51-5, 58-60, 63-7, 74-81, 84-6, 90, 94, 96, 101, 102, 105, 108, 111-4, 117, 119, 125-7, 140-2, 144, 146, 148, 149, 167, 170
  abastecimento de, 17
  agrícolas, 35
  anúncios de, 75
  branco, 91
  captura de, 24
  como propriedade, 71
  contrabando de, 53
  crimes de ou contra, 18, 73
  domésticos, 35
  e a Constituição, 76
  estatuto jurídico do, 15, 16, 25
  fornecedores de, 88
  fuga de, 23
  hipotecas sobre, 64
  imposto sobre novos, 17
  mercado de, 97, 106, 147
  proprietários de, 35, 68, 102, 103, 145
  provisórios, 69
  representação política do, 32
  suicídio de, 74
escravocrata(s), 34, 36, 37
especuladores, 65
esquadra, estrangeira, 173-6, 178
  revoltada, 179
estradas de ferro, 82, 83, 88, 165
estrato dominante, 16, 29'
Exército, 18, 24, 27, 118, 147, 156

feitores, 80
Ferraz, Ângelo Muniz da Silva, 150, 152
feudalismo, 53, 167
feudos, 80, 85, 86, 118, 128
Figueiredo, Afonso Celso de Assis, 21, 100, 150, 151, 168
finanças, 141, 147
Finlay, 107
Fleury, André Augusto de Paula, 156
Fonseca, 161
forças estrangeiras, ver esquadra estrangeira
Franco, Melo, 156
Franco, Sousa, 156, 171
Franco, Tito, 152
fraude, 21, 103
Freitas, Teixeira de, 77
Freyre, Gilberto, 45-7
funcionalismo, 30, 79, 83, 88-90, 113, 114, 126, 141
  hipertrofia do, 29
Furtado, Francisco José, 151, 156

Gabinete, abolicionista, 38, 57
  Cotegipe, 11, 23, 24
  da Maioridade, 162

Dantas, 10, 22, 35, 36, 38, 39, 43, 98, 100, 105, 107, 139, 146, 148
João Alfredo, 24
Lafayette, 21, 34, 98, 144
liberal, 18
Olinda, 150, 170
Rio Branco, 66
Saraiva, 9, 10, 22, 33
Sinimbu, 8, 18
Zacarias, 19, 32, 66, 150, 152, 153, 156
galés, 18, 33, 80, 156
Galvão, Manuel Antônio, 170
Gama, Antônio Pinto Chichorro da, 156
Gama, Caetano Maria Lopes, 170
Gama, Luís, 32
Garrison (pseud.), **ver** Araújo, Joaquim Aurélio Barreto Nabuco de
Gazeta de Notícias, 176
Gladstone, 170
golpe de Estado, 132
governo, livre, 142
    pessoal, 93, 94, 102, 146
grande, lavoura, 28, 29
    propriedade, 16, 27-9, 33, 80, 91, 107, 116, 167
    proprietário, 79
Guerra do Paraguai, 52, 94, 144, 150, 171
Guiana Inglesa, limites com, 13

hegemonia européia, 13
hipotecas, 79
homem(ns) livre(s), 69, 85, 127

Igreja, 72
imigração, 28, 116, 117
    asiática, 20, 91
    espontânea, 91
    européia, 25
    subvencionada, 23
imigrante(s), 25, 116, 165
imigrantismo, 25, 28, 47
Imperador, **ver** Pedro II, imperador do Brasil (1840-1889)
Império, 13, 154
importação, 125
imposto(s), 114, 123, 149, 166
    de consumo, 122
    direto, 29
    territorial, 122
imprensa, 57, 66, 93, 95, 99, 134
indústria, 28, 30, 88, 89, 99, 114
ingênuo(s), 52, 53, 58, 59, 67-9, 101
instituição, política, 58
    privada, 58
instrução pública, 95, 119
intervenção estrangeira, 176, 177, 181
Isabel, princesa imperial e regente, 11, 24, 41, 141
isenção de serviço militar, 18
Itaboraí, Visconde de, **ver** Torres, Joaquim José Rodrigues

Jequitinhonha, Visconde de, **ver** Montezuma, Francisco Gê Acaiaba de
João Alfredo, **ver** Oliveira, João Alfredo Correia de
Jornal do Comércio, 153
José Bonifácio, **ver** Silva, José Bonifácio de Andrada e
Josué, 99
Judas, 127

Lacombe, Américo Jacobina, 43
Lafayette, **ver** Pereira, Lafayette Rodrigues

lavoura, **ver** agricultura
Leão, Domingos de Sousa, 7-9
Leão, Honório Hermeto Carneiro, 153, 162, 170
lei(s), Aberdeen, 62, 84
   agrária, 121
   de 1871, **ver** lei Rio Branco
   de 7 de novembro de 1831, 68, 71, 111
   de 13 de maio de 1888, 12, 24, 41
   do censo, 20
   do terço, 19, 168
   do ventre livre, **ver** lei Rio Branco
   dos círculos, 18
   dos sexagenários, 23
   eleitoral, 23
   Rio Branco, 26, 31, 36, 52, 55, 57, 65-8, 71, 75, 94, 101, 102, 106, 116, 149
   Saraiva, 20, 21, 146
   sobre escravidão, 78
liberal(is), 19, 23, 54, 56, 57, 109, 128, 131-3, 135, 136, 139-43, 151, 152, 159, 162, 171, 172
liberalismo, 26, 30, 55, 131, 133, 136, 137, 142, 164
liberdade, 93, 101, 114, 123, 129, 136, 148
   de ensino, 171
   do voto, 132, 139, 168
   dos sexagenários, 106
   pessoal, 56
liberto(s), 12, 69, 71, 101, 114, 115
Lima, Luís Alves de, 152, 168, 169, 171
Lima, Pedro de Araújo, 73, 152, 169, 170
Lima, Pinto, 156
Lobo, Francisco de Paula da Silveira, 151, 155
Lobo, Gusmão, 35
López, Francisco Solano, presidente do Paraguai (1862-1870), 94, 104, 152
Luzias, 156
Lynch, 118

Macaé, Visconde de, **ver** Torres, José Carlos Pereira de Almeida
Macedo, 156
Madureira, coronel, 98
Magalhães, José Vieira Couto de, 156
Maia, 170
Maioridade, 51, 170
mais-valia, 16
mandato da raça negra, 32, 38, 58
manumissões, 76
mão-de-obra, concorrência da, imigrante, 28
   escrava, 17
Maranguape, Visconde de, **ver** Gama, Caetano Maria Lopes
Marechal, **ver** Peixoto, Floriano
Mariano, José, 9, 12, 131, 139
marinha, 147, 182
Marinho, Joaquim Saldanha, 155
Martim Francisco, **ver** Andrada, Martim Francisco Ribeiro de
Martins, Francisco Gonçalves, 156, 159, 161
mascate, 29, 87, 125
meeiro(s), 28, 87
Melo, Custódio José de, 173-82
Melo, Manuel Felizardo de Sousa e, 170
Milet, 86
Milton, 129
Ministério, **ver** Gabinete
miséria rural, 27
monarquia, 8, 12, 55, 77, 94, 102, 104, 116, 118, 128, 133, 137, 141, 142, 166
monopólio, 112

do solo, 27, 58, 79, 114, 117, 118
Monte Alegre, Barão, Visconde e Marquês, **ver** Carvalho, José da Costa
Montezuma, Francisco Gê Acaiaba de, 160, 170
Morley, John, 136
morte, civil, 59
   como emancipador, 36, 70
Mota, Silveira da, 161
movimento abolicionista, 15, 18, 25, 32-4, 39, 41, 42, 54, 57, 98, 99, 106, 110, 128, 146, 149

Nabuco, Carolina, **ver** Araújo, Maria Carolina Nabuco de
Nabuco, Joaquim, **ver** Araújo, Joaquim Aurélio Barreto Nabuco de
Nabuco, senador, **ver** Araújo, José Tomás Nabuco de
não-indenização de proprietários de escravos, 22
nascituros, emancipação dos, 66, 105
navios negreiros, apreensão de, 62
nível de vida, 27
nomadismo, 27
Nunes, Maria Regina Duarte, 45

ociosidade do brasileiro, 28
Octaviano, 160
ocupação do solo, 26
Olinda, Visconde e Marquês de, **ver** Lima, Pedro de Araújo
Oliveira, Cândido de, 129
Oliveira, João Alfredo Correia de, 11, 22, 24, 37, 41, 171
operário industrial, 28, 126
Opinião Liberal, 152
opinião pública, 30, 38, 53, 55, 57, 63, 72, 91, 92, 100, 106, 118, 134-6, 142, 147, 166
oposição, 131
orçamento, 89, 114, 119, 123, 135, 165
ordem escravista, 17
organização política imperial, 14, 26, 137
Ottoni, Cristiano Benedito, 35, 36, 68, 109, 154-6, 162, 163
Ottoni, Teófilo Benedito, 35, 156, 158, 159, 161, 162
Ottonis, 152

País, O, 43
pan-americanismo, 13
papel-moeda, 113-119, 123, 166, 172
paralelismo rural-urbano, 27
Paraná, Visconde e Marquês de, **ver** Leão, Honório Hermeto Carneiro
Paranaguá, João Lustosa da Cunha (2.º Visconde e 2.º Marquês de), 133, 150
Paranhos, José Maria da Silva, 32, 35, 152, 168, 169, 171
Paranhos Júnior, José Maria da Silva, 13
parcelamento do solo, 27
parlamentarismo, 135, 146
partido(s), 12, 24, 33, 38, 54-7, 63, 72, 92, 93, 103, 106, 108, 109, 128, 130-6, 139, 140, 158, 162-4, 171
   Abolicionista, 38, 39, 51, 54, 56, 57, 69, 98, 110, 145
   Conservador, 18, 21-4, 31, 37, 41, 55, 109, 128, 132, 134, 136, 139-41, 144-6, 148, 152, 155
   constitucionais, 58
   de patronagem, 18, 31, 39, 135
   Emancipador, 36
   Liberal, 7-9, 11, 12, 19, 22-4,

35, 40, 41, 55, 66, 120, 128, 132-8, 145, 151, 153, 157, 159, 160, 163, 164, 169, 171
   oficiais, 57
   Republicano, 38, 55, 56, 102, 104
patronado, **ver** patronagem
patronagem, 21, 38, 58, 169
Paulino, **ver** Sousa, Paulino José Soares de
Pedro II, imperador do Brasil (1840--1889), 21, 37, 40, 41, 52, 55, 66, 72, 93, 94, 100-2, 104-7, 115, 116, 128, 133-7, 141, 142, 145, 146, 152, 153, 155, 166, 169-72
Pedro Luís, **ver** Sousa, Pedro Luís Pereira de
Peixoto, Floriano, 173-8, 181, 182
Pena, Afonso Augusto Moreira, 143
pequena, cultura livre, 16
   propriedade, 12, 121
Pereira, João Filipe, 175, 177, 179
Pereira, José Clemente, 170
Pereira, Lafayette Rodrigues, 21, 133
Péricles, 106
Pestana, Francisco Rangel, 152
Pimentel, Barros, 35
Pinto, Antônio, 108, 109
Pinto, Eduardo de Andrade, 156
poder, 31, 33, 58, 92, 93, 96, 97, 100, 102, 103, 106, 131-4, 136, 137, 139, 140, 142, 152, 161, 167, 169, 171
   moderador, 160
   pessoal, 104, 158, 172
Pompeu, senador, 84
população, livre, 117-9
Portela, Manuel do Nascimento Machado, 10, 11
povo(s), 12, 59, 84, 93, 96, 128, 134-7
   livre(s), 56, 94, 123
Prado, Antônio da Silva, 23-5, 40, 41
Prados, Barão, Visconde e Conde de, **ver** Armond, Camilo Maria Ferreira

Princesa, **ver** Isabel, princesa imperial e regente
princípio de não-intervenção, 176
prisão celular, 18, 33
projeto Dantas, 104, 120, 127
proletariado, 127
propaganda, 36, 38, 104, 115, 116, 148
propriedade, do homem pelo homem, 70, 110
   escrava, 24, 31, 61, 73, 116, 119
   humana, 32, 74
prova de renda, 130
províncias emancipadas, 21, 35

Queirós, Eusébio de, **ver** Câmara, Eusébio de Queirós Coutinho Matoso
questão, argentina, 163
   social, 108

raça negra, 59, 60, 72
Rebouças, André Pinto, 121
recrutamento, 27, 85, 118
reforma(s), eleitoral, 18-20, 118, 119, 167, 171
   servil, 22, 36, 37, 66
   sociais, 135, 137, 147
regatões, 82
renda, 15, 114
reprodução no cativeiro, 60
república, 55, 104, 141, 154, 158, 174
republicano(s), 54-7, 102, 104, 109, 152
resgate forçado, 67, 101, 149
Revolta de 1893, 173-82
Revolução praieira, 18
Ribeiro, Severino, 108, 109
Rio Branco, Barão de, **ver** Paranhos Júnior, José Maria da Silva

Rio Branco, Visconde de, **ver** Paranhos, José Maria da Silva
Rio News, 176
riqueza, 15, 31, 60, 90, 112, 113, 123, 124, 147, 165
Rodrigues, Coelho, 129
Rosa, Jaime, 129
Rouher, Eugène, 154

salário(s), 15, 61, 77, 85, 87, 107, 115
Santo Agostinho, 159
São Lourenço, Barão e Visconde de, **ver** Martins, Francisco Gonçalves
São Vicente, Visconde e Marquês de, **ver** Bueno, José Antônio Pimenta
Saraiva, José Antônio, 20-3, 35, 39, 40, 93, 99, 103, 119, 120, 133, 138, 142, 144, 146, 151, 169, 170, 172
Segundo Reinado, 13, 51, 106, 144, 164
self government, 36, 170
senhor(es), 16, 27, 55, 59, 67, 69-75, 82, 86, 90, 107, 114, 120, 123, 124, 141, 143, 144, 167
senzala(s), 53, 69, 85, 95, 107, 127, 146
Sepetiba, Visconde de, **ver** Coutinho, Aureliano de Sousa e Oliveira
Sequeira, A. de, 129
servos, 96, 167
sexagenários, liberdade dos, 105, 107
Sieyès, Emmanuel Joseph, 126
Silva, José Bonifácio de Andrada e, 17
Silva, Pereira da, 116
Silva, Rodrigo Augusto da, 24
Silva, Rodrigues, 161
Sinimbu, João Lins Vieira Cansansão de (Visconde de), 8, 18-21, 33, 100, 133

sistema, parlamentarista, 19, 169
político, 19, 135, 158
representativo, 131, 159, 161, 172
sociedade, agrária, 24, 31, 40
de economia industrial, 26
Sodré, 8
solo, 16, 26, 27
Sousa, Paula, 170
Sousa, Paulino José Soares de, 12, 24, 170-2
Sousa, Pedro Luís Pereira de, 156
Souto, Teodureto, 98
Stowe, Mrs. Beecher, 70
sufrágio universal, 120

III Conferência Pan-americana, 13
Tiradentes, **ver** Xavier, Joaquim José da Silva
Torres, Joaquim José Rodrigues, 32, 66, 170, 171
Torres, José Carlos Pereira de Almeida, 170
Torres, José Joaquim Fernandes, 150
trabalhador livre, 85
trabalho, agrícola, 117
escravo, 16, 82, 107
livre, 16, 58, 88, 94, 122
semi-servil, 17, 33
traficante(s), 29, 52, 53, 63, 65, 83, 94, 113
tráfico, 52, 53, 62-5, 88, 90, 94, 105, 116
interprovincial, 18, 25, 33, 34
para prostituição, 71

Uruguai, Visconde do, **ver** Sousa, Paulino José Soares de
usura, 29, 88, 91
usurários, 16, 29

Valdetaro, Manuel de Jesus, 156
Vasconcelos, Bernardo Pereira de, 170
Vasconcelos, Zacarias de Góis e, 150-4, 160, 168, 171
Velho, Diogo, 167
Viana, Ferreira, 138
Viana Filho, Luís, 45
Victor Emmanuel II, rei da Sardenha (1849-1861) e rei da Itália (1861-1878), 154
Vila Bela, 2.º Barão de, **ver** Leão, Domingos de Sousa
Vitória, rainha da Inglaterra (1837--1901), 170
votante(s), 18, 20, 103, 119, 172
voto, 59, 172
    censitário, 39

feudalismo do, 134
incompleto, 167, 168

Wanderley, João Maurício, 11, 23, 24, 40, 148, 156, 167-9, 171, 172
Weiss, 120

Xavier, Joaquim José da Silva, 81

Zacarias, **ver** Vasconcelos, Zacarias de Góis e